Hyväksi haukuttu

Taitto ja kansi: Books on Demand
Kustantaja: BoD – Books on Demand, Helsinki, Suomi
Valmistaja: BoD – Books on Demand, Norderstedt, Saksa
ISBN: 978-952-80-3332-5

Hyväksi haukuttu

Sisällys

LUKIJALLE

Fyysinen väkivalta on aina myös henkistä ja päinvastoin. Henkistä ja hengellistä väkivaltaa on mahdotonta kuvata tarkasti. Juuri siksi sen voima hämmentää, lamaannuttaa ja hajottaa minuutta. Kokemukseni ovat opettaneet minulle sen, mitä rakkaus ei ainakaan ole.

Toipumisen polkuni on ollut pitkä. Hataralla taipaleellani olen saanut apua ammatti-ihmisiltä ja ystäviltä. Raskaasta matkasta huolimatta olen säilyttänyt uteliaisuuden ja ilon elämää kohtaan.
Toivoa on aina!

Oulussa 27.3.2022 Sigrid Katajala

1. Kristian

Helvetillinen arki

Olemme palaamassa tuttaviemme luota. Kävelemme myöhäissyksyistä jalkakäytävää kotiin päin. Ilta hämärtää. Kristian alkaa sättiä ulkonäköäni. Olen hänelle joko liian laiha tai liian lihava, harvoin sopiva. Mieheni on piessyt minua useasti. Kolmannella kerralla solisluuni murtui. Hengittäminen oli kivuliasta. En uskaltanut lähteä päivystykseen. Tiedän ennusmerkeistä, mitä tänään on luvassa. Lähden juoksemaan ajotien yli rautatieaseman lähellä olevalle turvatuvalle. Kristian juoksee minut kiinni ja kaataa asfalttiin. Raahaudun pitkin ajotietä hänen riepotellessaan minua asuntoamme kohti. Sinisten farkkujeni polvet rouhiutuvat rikki.

Sisällä riisun takkini ja jään tunnustelemaan ilmapiiriä. Olen opetellut ruumiista irtaantumista. Aina se ei onnistu. Mieheni hakee katuluudan ja alkaa hakata selkääni. Selkärankani tuntuu murenevan. Nuijiminen jatkuu. Tunnen ihoni kuoriutuvan vereslihalle. Kyyneleet valuvat pitkin kasvojani. Olen hiljaa ja tyydyn osaani. Luudanvarsi kopsahtaa lattialle. Kristian poistuu paikalta. Myttynä vaikeroin eteisen lattialla. Vereslihalla olevaa selkääni polttaa. Ulko-ovi on metrin päässä, mutta pakoyritys olisi vaarallisen uskaliasta.

Seuraavaksi mieheni raahaa minut olohuoneeseen. Tiimarista ostamani räsymatto laahautuu mukanani. Kristian istuutuu laverisohvalle ja asettelee pääni tiukasti polviensa väliin. Konttausasennossa näen vain hänen suuret varpaansa. Mieheni isot nyrkit hakkaavat ohimoitani. Verenmaku valahtaa suuhuni. Tunnen pyörtyväni. Kristian nousee ylös. Hän kohottaa olohuoneen pöydän kohti kattoa. Pöytä iskeytyy voimalla päälakeeni. En pysty enää kohdistamaan katsettani. Pääni on saanut liikaa iskuja.

"Tapan sinut", mieheni tiuskaisee ja harppoo keittiöön. Oletan saavani seuraavaksi iskuja leipäveitsestä. Istun lamaantuneena kovalla laverisohvalla. Mietin, miltä veitsen iskut tuntuvat. En ehkä tuntisi kuin ensimmäisen iskun. Se lohduttaa minua. Kristian harppoo takaisin olohuoneeseen vihreä viinipullo kädessään. Hän repii jalkani paljaaksi ja alkaa silmittömällä raivolla piestä raskausarpisia reisiäni. Rukoilen mielessäni, ettei pullo menisi rikki. Se aiheuttaisi verenvuodon ja kamalan sotkun. Kristian vie pullon takaisin keittiöön ja kietaisee oljenvaaleat hiukseni nyrkkiinsä. Hän riuhtaisee minut lattialle. Tunnen, kuinka pieni noro lämmintä nestettä valuu kalloni sisällä kohti vasenta korvaani.

Aivokalvontulehdus

Saan töitä toiselta paikkakunnalta. Asun tulevat viikot vanhempieni luona. Isän autotalliin tekemä peräkammari on sopiva majailuuni. Kolmannen työviikon maanantaina suljen taas herätyskelloni ja nousen sängystä. Voimakas kipu kaataa minut lattialle. Päälakeni on sivallettu irti näkymättömällä veitsellä. Voihkien konttaan saunakamarin ja eteisen läpi keittiöön. Otan särkylääkkeen, kömmin sohvalle ja odotan kivun tasaantuvan.

Sinnittelen arkipäivät töissä. Viikonloppuna kipu voimistuu entisestään. En pysty liikuttamaan silmiä sivusuunnassa säryn vuoksi. Niskani on jäykistynyt, eikä leukani taivu enää rintakehää kohden. Makaan sängyssä oikealla kyljellä, odottaen seuraavaa oksennuskohtausta.

Kristian tulee tapaamaan minua vanhempieni luokse. Hän näkee, kuinka huonossa kunnossa olen. Jokainen tärähdys vartalooni, korotettu äänensävy ja mikä tahansa ruoantuoksu saa minut voimaan pahoin. Mieheltäni ei heru myötätuntoa. Hänen olemattoman pienet silmänsä tuikkivat vihaa. Kristian alkaa kuoria yöpaitaani pois. "Ei, ei, ei, ei, en pysty", kuiskaan. Hän ei kuuntele. Mieheni repii yöpaidan väkivalloin ja heittää minut sängylle mahalleni. Järjetön tuska valtaa pääni. "Lopeta, en voi, minulla on paha olo, lopeta heti", vaikeroin.

Mieheni painaa julmasti niskani tyynyyn. Hänen kätensä tuntuvat viileiltä kuumeisella iholla. Tiedän siskoni olevan olohuoneessa. En halua sekoittaa häntä tähän paskaan. Tyynyn sisukset täyttävät suuni. Tukahdutan kirkumiseni ja itkuni. Mieheni työntyy minuun väkivalloin. Jokainen liike sattuu. Olen täysin puolustuskyvytön. Lamaantuneena odotan kaiken olevan ohi. Olen tullut raiskatuksi kaksikymmentäneljävuotiaana, täysin puolustuskyvyttömänä.

Seuraavalla viikolla oireeni pahenevat. Oksennan jopa veden pois. En kykene nousemaan sängystä. Päänsärky on tuskallista. Soitan sairaalan päivystykseen. Minua pyydetään vielä pari päivää odottamaan, helpottuisiko olotilani. Uhmaan päivystyksen ohjeita ja soitan taksin noutamaan minut sairaalaan. Jokaisessa töyssyssä selkärankani yläosa tuntuu irtoavan selkärangan alaosasta. Töyssyn jälkeen selkärangan palaset kohdistuvat takaisin kivuliaan hermosäryn kera. Taksikuski keskustelee koko matkan puhelimessa. Pääni tuntuu hajoavan jokaisesta äänteestä. Kaulahuivilla suodatan kuskin etovaa partaveden tuoksua laimeammaksi.

Perillä maksan taksin ja kiitän kyydistä. Hortoilen sairaalan käytävällä yhteispäivystystä etsien. En pysty pitämään silmiäni kunnolla auki. Pienikin valonsäde tuntuu halkaisevan kalloni. Tuntematon taksikuski taluttaa minut käsikynkässä päivystyksen punaiselle sohvalle. Paine päälaessani voimistuu. Tuntuu kuin kaksi kourallista pulleita kastematoja yrittäisi löytää tilaa aivojen ja kallon välissä siinä onnistumatta.

Mieslääkäri kutsuu minut huoneeseensa. Hän kertaa oireeni, tunnustelee niskaani ja lähtee sulkemaan vakavimman sairauden ali aivokalvontulehduksen pois. Siirrymme operaatiohuoneeseen. Asetun sängyn reunalle istumaan. Kaarran paljaan selkäni pyöreäksi. Desinfiointiaine tuntuu kylmältä iholla. Pitkä ohut neula sujutetaan selkäydinkanavaani. Lääkäri jututtaa minua rauhallisesti koko toimenpiteen ajan. Viimein riittävä määrä likvoria eli aivo-selkäydinnestettä on tiputettu putkiloon. "Tämä on aivan kirkasta eli ei pitäisi olla mitään", toteaa lääkäri putkiloa näyttäen. Likvori lähetetään laboratorioon ja minä poistun takaisin odotushuoneeseen. Muutama tunti myöhemmin makaan osastolla kahden hengen huoneessa. Olen sairastunut virusperäiseen aivokalvontulehdukseen. Sairauden alkuperä kohdallani on tuntematon.

Ensimmäinen yöni sairaalassa on kamala. Olen ollut tuskainen ja oksennellut lähes kaksi viikkoa. Makaan sängyssä selälläni. Oksennan lähes tauotta. Viereisen vuoteen nainen hakee hoitajat paikalle. Ulisen tuskasta. Selkäranka tuntuu napsahtavan poikki. Pää tärisee paineesta. Oksennan lisää. Hoitaja soittaa lääkärille. Hän määrää voimakkaampia särkylääkkeitä. Vatsani on tyhjä, joten lääkkeet imeytyvät nopeasti. Ne eivät vie kipua pois. Alan nähdä kaiken kahtena. Oloni on vielä kurjempi kuin ennen lääkkeitä.

Yö laskeutuu sairaalaan. Uupuneena torkahdan hetkeksi. Avaan silmäni ja näen vanhempani oven raossa. Torkahdan uudelleen. Vanhempani ovat poissa. Tunnen päälakeni rutisevan ja paukahtavan kohti kattoa. Paine pullistaa korvalehdet ja silmät irti kallosta. En jaksa enää. Luovuttaneena liidän kohti kuolemaa. Painovoimattomuudessa tartun kaulassa olevaan koruuni. Puristan kultaisen riipuksen oikean käden nyrkkiin. Keskitän kaiken huomion vain koruun. Juuri nyt ei tarvitse yltää pitemmälle.

Aamulla herään hengissä. Lohdukseni huomaan päänsäryn hieman hellittäneen. Nousen sängystä köykäisesti ja otan muutaman askeleen sairaalan vihreällä käytävällä. Olen nielaissut nipun heinäseipäitä. Kävelyni on jäykkää, eikä niska taivu pystyasennosta mihinkään suuntaan. Olen iloinen henkiinjäämisestä. En pysty edelleenkään syömään, mutta en myöskään oksenna vettä ulos. Se on jo edistystä.

Voimani ovat vähissä. Päiväunilta herätessäni mieheni astuu huoneeseen. Hymähdän hänelle iloisena. Mieheni ottaa totisena tuolin sängyn viereen. Hän ei osoita minkäänlaista myötätuntoa. Kerron hänelle sairastuneeni aivokalvontulehdukseen. Mieheni katsoo kylmästi silmiin ja toteaa Jumalan rankaisevan minua. Olen järkyttynyt. Hän lähettää tekstiviestin kaverilleen ja kertoo syyn sairaalassaolooni. Hänen kaverinsa kiittää Jumalaa, koska olen yhä hengissä. Minua ahdistaa. Toivon mieheni poistuvan pian. En voi sitä hänelle kuitenkaan sanoa. Viikko sitten mieheni raiskasi minut. Nyt olemme kahdestaan potilashuoneessa. Hän ei pysty peittelemään inhoaan minua kohtaan. Pelkään väkisinmakuun toistuvan.

Jäähyväiset

Seuraavat kuukaudet ovat vaikeita. Mieheni ja minä asumme viimein saman katon alla. Olemme olleet naimisissa vuoden. Siitä ajasta olen asunut ulkomailla seitsemän kuukautta ja vanhempieni luona pari kuukautta. Huomaan nopeasti olevani hyljeksittävä ihminen sekä mieheni opiskelupaineiden purkukohde. Mieheni hyötyi avioliitostamme oleskeluluvan verran. Se lienee ollut hänelle avioitumisen pääasiallinen tarkoitus.

Tunnen olevani henkisesti umpikujassa. Puran pahaa oloani liikuntaan. Mieheni ollessa koulussa pyöritän Anna-aerobicjumppaa C-kasetilta vähintään kerran päivässä. Aamuisin kävelen rahtisatamaan useita kilometrejä. Kävelylenkeillä tunnen olevani huolista vapaa. Täällä kukaan ei arvostele eikä moiti minua. Lenkit venyvät kolmituntisiksi. Lonkkani alkavat leposärkeä. En halua luopua pakokeinostani. Mieheni on piessyt minua toipilasaikananikin useita kertoja. Mikäli haluan keskustella jostakin, hän tokaisee: ”Turpa kiinni, tyhmä!”. Tällaista elämää en valinnut.

Alkutalvi on ollut täynnä kipua. Mieheni pakottaa minut seksiin useita kertoja. Hän puree nännipihani verille. Nyyhkytän yksin lämpimässä suihkussa nyppien kynsilläni nahkariekaleita pienistä kalpeista rinnoistani. Joulukuussa päätän lopettaa syömisen. Olen valmiustilassa saaliseläimen tavoin. En keksi enää parempaa tapaa irtaantua arjesta.

Painoni on pudonnut lähes kaksikymmentä kiloa. Vaatteet roikkuvat ylläni. Haaveilen toisenlaisen elämän aloittamisesta jossain muualla. Tunnen olevani naitettu nykyiseen arkeeni loppuelämäksi. Olen luvannut rakastaa niin myötäkuin vastoinkäymisissä. Eron häpeä on niin suuri, että alan pohtia keinoja itseni hävittämiseen.

Vuosi vaihtuu ja tammikuun kirpakat pakkaset saapuvat. Tuuli puskee pulleita puhureitaan pitkin keskustan katuja. Tilanne kotona ei ole helpottunut. Asettelen huolella laatimani jäähyväiskirjeen makuuhuoneen vaalealle muovimatolle. Nappaan tummansinisen anorakin ylleni ja poistun asunnostamme. Olen päättänyt tappaa itseni. Pikaisesti käyn läpi vaihtoehtoisia tapoja elämäni päättämiseen. Pientä jäätävää tihkua sataa päin kasvojani. Vedän hupun syvemmälle päähän. Takin teddykarvainen vuori lämmittää suloisesti koleassa säässä.

Korttelin kulmassa huomaan ihmisten rynnivän elokuvateatteriin. Värivalot loistavat, ja iloiset naurahdukset kajahtavat kadulle. Siirryn lähemmäs. Huomaan Titanic-elokuvan alkavan viidentoista minuutin kuluttua. Tämä minun on vielä nähtävä! Ostan lipun ja siirryn elokuvasaliin. Tunne on outo. Olen tullut nauttimaan vielä yhden kulttuurielämyksen ennen kuolemaani.

Kauniin elokuvan jälkeen pujahdan takaisin kadulle. Poliisiautot risteilevät keskustassa. Autoja on tavanomaista enemmän. Aavistelen olevani etsintäkuulutettu. Vedän hupun syvemmälle päähän ja suuntaan kiertotietä kotiin. Olen aivan jäässä. Kotona riisun vaatteeni eteisen lattialle ja lukkiudun kylpyhuoneeseen. Mieheni huomaa paluuni. Jumalankiitosta mutisten hän poistuu asunnosta. Kuuma vesi täyttää kylpyammeen. Vesi sulattaa kylmyyden kuihtuneista raajoistani. Upotan pääni pinnan alle. Vaaleat pitkät hiukseni jäävät leijailemaan veden pinnalle.

Kuulen eteisestä ääniä. Mieheni ei palaa yksin. Hänen mukanaan on vieras mies. Kiukku valtaa sisimpäni. Olen kyllästynyt siihen, miten äijät käyttävät valtaansa. Vieras miesääni esittäytyy poliisiksi. Hän alkaa käskyttää minua kylpyhuoneen oven läpi. En tottele komentoja. Minua ei miehet enää käskytä. Poliisi jatkaa yritystään. Hänen menetelmänsä ei minuun tehoa. Tästä poliisista ei ainakaan neuvottelijaa panttivankidraamaan tulisi.

"Siru, avaisitko oven. Tulen kylpyhuoneeseen yksin", lempeä naisääni sanoo. Hän esittäytyy poliisiksi ja kertoo olevansa myös perushoitaja. Kietaisen valkoisen pyyhkeen ympärilleni ja avaan oven naispoliisille. Hän tuntuu hengenheimolaiseltani. Nainen sulkee vessanpöntön kannen ja istahtaa sen päälle. Hänen sininen virkapukunsa näyttää vastatärkätyltä. Jatkan kylpemistä. Kylpyvaahto on täysin hajonnut veden sekaan. Tilanne tuntuu epätodelliselta.

Naispoliisi avaa keskustelun rauhallisesti. Käännän katseeni häneen. Vettä sujahtaa vasempaan korvaani. Nainen etenee hartaan päättäväisesti kohti päämääräänsä. Miespoliisi karjaisee jotakin oven läpi. Nainen jatkaa rauhallista puhettaan. Vain me kuulemme toisiamme. Varttitunnin neuvottelun jälkeen olen valmis irrottamaan tulpan ammeen pohjasta, nousemaan kylvystä ja pukemaan päälleni. Olen pahasti nälkiintynyt ja laihtunut, joten minut on vietävä viivyttelemättä sairaalaan.

Poliisiauton takapenkiltä katselen ohi vilahtelevia kelmeitä katulyhtyjä. Varttitunnin päästä kaarramme sairaalan ensiavun eteen. Poliisi taluttaa minut istumaan pyörätuoliin. Odotamme hoitajaa. Miespoliisi kertoo heidän ennättäneen etsiä minua junaraiteilta ja kanavasta. Vanhempani ovat joutuneet ottamaan vastaan puhelun, jossa poliisi kertoo etsivänsä heidän mahdollisesti jo menehtynyttä tytärtään. Ei kiinnosta pätkääkään. Elämä mieheni kanssa on täyttä helvettiä.

Psykiatrinen osasto

Poliisit luovuttavat minut hoitajalle. Laahustan hänen mukanaan tarkkailuhuoneeseen. Farkkuni eivät tahdo pysyä ylhäällä. Olen toivottoman laihassa kunnossa. En ole syönyt neljään viikkoon. Asetun oikealle kyljelleni sänkyyn. Palelen. Viimein lääkäri tulee tapaamaan minua. Hänellä on mustat pitkähköt hiukset. Naislääkärin korvalehti on venynyt useiden korvarenkaiden painosta. Hän lätkyttää suurta purkkaa, ja joka toinen sana on totanoinnii. Punkkarilääkäri toteaa, että nälkiintymisen ja itsetuhoisuuden vuoksi minun on jäätävä sairaalaan. Koska sairaalassa ei näin myöhään ole resursseja vahtimiseeni, on minun mentävä suljetulle osastolle. Olen kauhuissani! Vaihtoehtoja ei ole. Suljetulle osastolle ei ole matkaa kuin kaksisataa metriä, mutta on odotettava ambulanssikyytiä.

Tammikuinen pakkanen puree sairaalan harmaata betonista ulkoseinää. Makaan lattialle asetetulla patjalla. Huone on viileä. Ulkotakkinikin riisuttiin talteen. Itsensä vahingoittamisen riski on minimoitu. Tärisen pelosta ja kylmyydestä. Huoneen ulkopuolelta kuuluu kammottavaa huutoa. Demonit kiusaavat miespotilasta. Hän joutuu lepositeisiin. Mietin, pääsevätkö potilaat huoneeseeni. En keksi siihen vastausta. Tämä on ensimmäinen yöni psykiatrisella suljetulla osastolla. En aio palata tänne ikinä.

Aamulla raotan varovasti huoneen ovea ja siirryn pieneen oleskelutilaan. Laiha vanhempi mies kouluttaa näkymätöntä koiraansa käytävällä. Mieshoitaja tulee kertomaan aamupalaverista. Olen helpottunut päästessäni hullujen joukosta pois! Astun sisään neuvotteluhuoneeseen. Asetelma on huono. Joudun istuutumaan pitkän pöydän päähän seinän viereen. Kolme miestä asettuu ympärilleni. Pelkään ja vihaan miehiä. Suhteestani saamani kokemus on, että miehet alistavat ja satuttavat aina.

Olen kuihtunut pieneksi rangaksi. Selkänikamani voisi laskea tuolilla istuessani. Pitkän vaalean otsatukan alta luimuilen miehiä tummilla silmilläni. Ensimmäisenä käsittelemme jäähyväiskirjeeni. Olen kirjoittanut sen upealla kaunokirjoituksella itäsaksalaisen kirjekaverini Heiken lähettämälle kirjepaperille. Jäähyväisviestini näyttää kauniilta keltaisella pohjalla ruskeiden ornamenttien kehystämänä. Kirjeessäni olen pahoillani kaikesta ja kaikille. Olen itkenyt ja surrut Jugoslavian sotaa. Olen alkanut kasvissyöjäksi eläinrääkkäystapausten vuoksi. Sieluni on hutera kovaan maailmaan. Kirjeessäni en syytä miestäni mistään. Joko en uskalla paljastaa totuutta tai sitten minut on aivopesty uskomaan, että syy on aina minussa.

Sairaalan miehet kysyvät tulevaisuudensuunnitelmistani. Aion käydä koulukiusaamisen vuoksi kesken jääneen lukion iltalinjalla loppuun. Olen myös aloittamassa tietotekniikan ja ruotsin kielen kurssin päiväsaikaan. Miehet kuuntelevat. He toteavat ristiriidan hengenriistämisen ja suunnitelmieni välillä. Mieshoitaja sanoo minun olevan niin suloinen, etten kuulu suljetulle. Niskakarvani nousevat pystyyn. Psykiatri Lauri rohkaisee lähtemään mukaansa toiselle osastolle. Olen nälkiintynyt ja minun pitäisi opetella syöminen uudestaan. Suostun tarjoukseen. Mikä tahansa on parempi vaihtoehto kuin tämä kammottava suljettu osasto.

Saan talvitakkini ja lähden lampsimaan viisikymppisen Laurin perässä pihan poikki toiseen päähän sairaalaa. Pidän riittäväsi välimatkaa kriisiosastolle suunnatessamme. En

luota psykiatriin, koska en luota miehiin. Lauri vilkaisee
välillä olkansa yli. Hän vaikuttaa rehdiltä mieheltä, mutta
niinhän ne kaikki ovat aluksi vaikuttaneet. Kävelemme
sairaalan kanttiinin ohi ja nousemme kolmanteen kerrok-
seen. Neljänsien lasiovien takaa avautuu tulevien viikkojen
sijaiskotini. Naishoitaja osoittaa minulle oman huoneen. Se
on valtava. Asun toistaiseksi huoneessa yksin. Riisun talvi-
vaatteet naulakkoon ja lähden hoitajan perässä tutustumaan
kriisiosastoon.

Osastolla on kymmenisen ikäluokkaani olevaa potilasta.
Oleskelutilasta kuuluu iloista puheensorinaa. Musahuo-
neessa on tarjolla musiikkiterapiaa kahdesti viikossa. As-
karteluhuoneeseen voi mennä itsekseen tekemään käsitöitä.
Osa materiaaleista on maksullisia. Tulevina päivinä olen
usein yksin maalaamassa kipsiä ja silkkihuiveja luokkahuo-
neen perällä. Kaipaan rauhaa.

Jo ensimmäisenä päivänä totean henkilökunnalle, etten
tule ottamaan vastaan kenenkään puheluita. Minusta ei
myöskään saa antaa tietoja kenellekään, ei edes vanhemmil-
leni. Joudun yhä keksimään peitetarinoita tilanteestani. En
halua paljastaa, mitä mieheni minulle tekee, sillä se olisi lo-
pullinen loppu. En mennyt naimisiin erotakseni.

Aamulla minulle esitellään henkilökohtainen keskus-
teluapuni psykologiopiskelija Raila. Käymme läpi useita
keskusteluja tulevien päivien aikana. Päätavoitteemme on
saada minut syömään uudelleen, sillä en ole syönyt yli kuu-
kauteen. Raila antaa tehtävän. Minun on ostettava sairaalan
kanttiinista pieni suklaapatukka. Tehtävä tuntuu vasten-
mieliseltä. Useina päivinä lähestyn kanttiinia onnistumatta
ostamaan suklaata. Neljäntenä päivänä Jim-patukka sujah-
taa maksamisen jälkeen taskuuni. Sydämeni hakkaa. Niin

tarkoin olen vaalinut syömättömyyttäni. Sen rikkominen tuntuu epäonnistumiselta.

Osastolle palatessani huomaan viiden potilaan häärävän pienessä keittonurkkauksessa. Vaniljan tuoksu leijailee käytävällä. Kokkikerho kokoontuu. Kiirehdin huoneeseeni. Oksennus nousee kurkkuuni. En voi käsittää, kuinka joku voi nauttia vapaaehtoisesti leipomisesta ja vielä syödä ne ällöttävät lemuavat leivokset.

Seuraavana päivänä osallistun musiikkiterapiaan. Lojumme epämääräisessä ringissä hämärän huoneen lattialla kappaleita kuunnellen. Hoitaja tauottaa musiikkia ja tiedustelee, mitä tunnelmia se herätti. Olemme kaikki hieman eri syistä osastolla. Musiikin kaikkivoipa voima vie meitä lähemmäs sielumme säröä. Seuraavalla viikolla musiikkiterapia jää minulta väliin. Osallistumiseni on mahdotonta, sillä mieheni on tullut vierailulle. Hoitaja yrittää saada minut silti mukaansa. Luultavasti hän tunnistaa pelon kasvoiltani.

Istun tuolilla keskellä huonettani selin ikkunaan. Mieheni on asetellut tuolinsa poikittain eteeni. Hän pyörittää suurta pipoansa käsissään ja tivaa asioita. Koko kolmituntisen vierailun aikana en kuule yhtään kannustavaa tai lohduttavaa sanaa. Ehkä hän ei osaa hymyillä, ajattelen. Mieheni tarttuu käsivarteeni ja alkaa halveksien repimään kuihtunutta nahkaani. Se sattuu. ”Kato nyt käsiäski. Susta ei oo mitään jäljellä. Miksi käyttäydyt näin?” Kyyneleet valuvat kasvoillani. Tilanne tuntuu ahdistavalta ja uhkaavalta. En kestä enää mieheni painostavaa seuraa. Päätän hypätä ikkunasta. Huoneeni on kolmannessa kerroksessa. Kerään adrenaliinia ja olen nytkähtämässä tuolistani kohti ikkunaa. Ovelle koputetaan ja mieshoitaja pyytää vierasta poistumaan. Kehoni huokaisee helpotuksesta.

Itsemurhayritys

Kahden viikon sairaalajakson jälkeen kotiudun. Sunnuntaina valmistelen ruuanlaittoa keittiössä. Saan jälleen moitteet tekemisistäni. Tämä on se useista pahoinpitelyistä ja mitätöinneistä kiteytynyt kuuluisa viimeinen pisara. En enää jaksa! Harpon keittiön sivukaapille ja tempaisen oven auki. Ahmin kolmekymmentä beetasalpaajaa suuhuni. Huuhdon lääkkeet parilla desillä haaleaa hanavettä. Kerrankin olen jykevän varma päätöksestäni. Viskaan valkoisen lääkepurkin seinään. Nyt riitti!

Mieheni ampaisee ulos asunnosta. Menen makaamaan selälleni sänkyyn kuolemaa odottaen. Minulla on levollinen olo. Kielenkanta uppoaa nielua kohden ja raajat rentoutuvat hattarahötössä. Lääkkeen vaikutus on alkanut. Rauhaisan poisnukkumisen keskeyttää eteisen oven paukahdus. "Siru, tuuppa tänne olohuoneeseen istumaan", vieras miesääni komentaa. Beetasalpaajat ovat alentaneet matalaa verenpainettani entisestään. Nousen hitaasti sängyltä ja laahustan olohuoneeseen. Istahdan pyöreän ruokapöytämme ääreen. Keltaisiin vaatteisiin pukeutunut ensihoitaja asettaa anturin sormenpäähäni ja tiedustelee, miksi söin lääkkeet. Olen huono valehtelemaan. Kerron rehellisesti, että minua vitutti. Ensihoitaja ymmärtää kantani, mutta yliannostus lääkkeitä ei tähän vaivaan hänen tietämyksensä mukaan auta.

Lähden ambulanssikyydillä ensiapuun. Sairaalan pihalla jalkani eivät enää kanna. Ambulanssimies taluttaa minut sisälle ja auttaa istumaan pyörätuoliin. Päässäni sumenee. Hoitajat ohjaavat minut sairaalan käytävällä olevalle sän-

gylle. Yritän niellä heidän tarjoamaansa imelää nestettä.
Viimein saan nesteet juotua. Niiden lisäksi tulisi nauttia
kaksi pullollista lääkehiiltä. Siihen en pysty.

Hoitaja laskee vihreät sairaalavaatteet sängylleni. Ne pi-
tää vaihtaa välittömästi. Kasvoni ovat harmaat. Vointini on
romahtamassa. Hymyillen kerron voivani vaihtaa vaatteet
ilman apua. Housut vaihdettuani alan voimaan pahoin.
Oksennus syöksyy voimalla läpi ruokatorven. Haparoiden
hypähdän pois sängyltä. Potkaisen poljinroskiksen auki ja
annan oksennuksen virrata. Yritän nousta takaisin ylös,
mutta beetasalpaajat ovat lamaannuttaneet keskushermos-
toni. Jään roskiksen ylle kyyryyn jalkani yhä sen luukkua
auki pitäen.

Vietän yön tarkkailuosaston käytävällä, sillä kaikki poti-
laspaikat ovat täynnä. Anturat ja piuhat risteilevät ympäri
kehoani. Pahoinvointikohtaus iskee tunnin välein. Nuori
miesyökkö pitelee pahvista oksennusmaljaa ja katsoo mi-
nua säälien. Kriisiosaston psykiatri Lauri kutsutaan aa-
mulla luokseni. Hän haluaa tietää, oliko tekoni spontaani.
Myönnän asian. Saan kuulla edellisenä päivänä ottamani
lääkemäärän olleen tappava. En ole moksiskaan. Saatuani
luvan poistua kävelen suoraan atk-kurssille toiselle puolelle
kaupunkia. Kasvoni ovat heleän kalpeat, puhtaammat kuin
koskaan.

Kanada

Neljä kuukautta itsemurhayritykseni jälkeen rohkenen hakea avioeroa. Mikäli elämämme jatkuu ennallaan, tulen olemaan kuollut ennen vuodenvaihdetta joko Kristianin pahoinpitelyiden vuoksi tai omatoimisesti. Mieheni kuullessa avioerohakemuksesta hän pyytää minua kahville kotimme ulkopuolelle. Suostun, sillä julkisella paikalla mieheni tuskin pahoinpitelisi minua.

Astun sisään kahvilaan ja istuudun miestäni vastapäätä. Kristian kertoo lähtevänsä parin viikon päästä vaihto-oppilaaksi Kanadaan. Tunnen pyörtyväni. Mieheni on täytynyt suunnitella tulevaa muuttoa pitkään. Oliko hän ajatellut missään vaiheessa kertoa asiasta minulle ja pojalleni? Kristian pelkää viisuminsa vaarantuvan, mikäli tässä vaiheessa haen avioeroa. Hetken mietittyäni lupaan peruuttaa avioerohakemukseni. Saanhan itsekin lähes vuoden lisäaikaa suhteen tilan pohtimiseen. Seuraavana päivänä menen käräjäoikeuden toimistolle peruuttamaan avioeroprosessin. Sihteeri toteaa, ettei kannata jättää hakemusta, mikäli ei ole asiasta varma. En vastaa hänelle mitään. Poistun nopeasti paikalta. Jo pelkkä oikeustalon pihalla seisominen tuottaa minulle häpeää.

En muista mieheni lähtöpäivästä mitään. Hän ei jätä tulevaa osoitettaan tai muutakaan yhteystietoa. Kaupunki on Montreal, sen sentään tiedän. Puolitoista kuukautta hänen lähtönsä jälkeen saan postikortin, jossa hän kertoo saapuneensa perille. Seuraava kortti tulee kesäkuussa, kuukausi sen jälkeen, kun mieheni olisi pitänyt palata. Hän kertoo lähteneensä vielä kuukaudeksi Miamiin.

Kanadaan lähtiessään Kristian jätti minut ilman sosiaalista turvaa. Sesonkityöntekijänä minulla riitti töitä ainoastaan kesällä ja lomien aikaan. Koska olimme avioliitossa, mieheni tulot vaikuttivat mahdolliseen toimeentulotukeen. Minulla ei ollut aavistustakaan, kuinka paljon hän oli kesän aikana tienannut. Sosiaalityöntekijä sai tiedon suoraan verottajalta. Summa oli suuri! Sosiaalityöntekijä sanoi mieheni käärineen rahat ja häipyneen. Olin järkyttynyt. Poistuin sosiaalitoimistolta hysteerisesti itkien. Miten ikinä saisin edes vuokran maksettua!

Joulukuussa saan lentolippujen hinnan verran veronpalautuksia. Vuodenvaihteessa käyn vierailulla mieheni luona. Olen lentokoneen kyydissä ensimmäistä kertaa. Montrealiin lentävä kone on valtava! Tarjoiltavan ruoan saa valita ylellisestä menusta. Vietän menomatkalla yön Pariisissa kauniissa hotellissa. Aamiaissalin croissantvuori saa minut huokaisemaan ihastuksesta. Syötyäni aamupalan hyppään paikallisbussiin ja suuntaan Pariisin keskustaan. Ennätän kiertää tärkeimmät nähtävyydet ennen jatkolentoani Montrealiin. Riemukaarella rähjäinen mies sylkee keltaisen klimpin naamaani, sillä en suostu ostamaan polaroidkuvaa itsestäni. Minulla on seitsemäntoista filmirullaa ja järjestelmäkamera mukanani. En tarvitse valokuvaamisessa apua.

Pääasiassa vietän tulevat viikot yksin Montrealiin tutustuen. Minua ihmetyttävät läheisen Saint Joseph´s Oratory -kirkon liukuportaat. China Town kiehtoo höyryävillä kojuillaan ja eksoottisella tunnelmallaan. Käyn elokuvissa katsomassa dokumentin Kurt Cobainin elämästä. Kolmiulotteisessa Cinemassa laskeudun upeaan Serengetiin. Kolealla säällä pujahdan keskikaupungin tavarataloihin kuuntelemaan musiikkia levyosastolle. Käyn kannustamassa Saku Koivua jääkiekkopelissä Molson Centerissä. Iltaisin palaan opiskelija-asuntolaan mieheni huoneeseen. Asuntolan lattiat ovat karhean, valkoisen aineen peitossa. Katuja suolataan niin paljon, että suola kantautuu kengissä sisätiloihin.

Eräänä iltana kävelemme syömään läheiseen intialaiseen ravintolaan. Palatessamme asuntolaan mieheni aloittaa alistamisen ja itkettämisen. Poistun ja kipuan läheiselle Mount Royal -kukkulalle. Olen yksin ja turvaton. Minulla ei ole rahaa soittaa vanhemmilleni. Kyyneleiden läpi loputtomiin jatkuva kaupunkivalojen matto tuikkii sameana. Lasken päiviä, jolloin pääsen paluumatkalle. Ellei mieheni sitä ennen toteuta aikeitaan. Hän on uhannut paikallisella mielisairaalalla. Sieltä en hänen mukaansa pääsisi koskaan pois, eikä kukaan läheisistäni saisi tietää, missä olen.

Viimein lähtöpäivä koittaa. Mieheni saattaa minut taksilla Dorvalin lentokentälle. Lunta sataa runsaasti. Liikenne on jumissa. Taksimme pysähtyy noukkimaan moottoritien varresta ylimääräisen matkustajan rikkoutuneen taksin kyydistä. Lentokentällä mieheni on niin ilkeä, että itken koko ajan. Jossain vaiheessa hän viimein poistuu inhonpaiste kasvoillaan. Ostan juoman ja lohileivän. Säästän leivän syötäväksi Pariisin lentokentälle. Rahani ovat vähissä.

Yritän kasata itseni. Kuulutus kertoo lentokoneen olevan myöhässä sankan lumisateen ja pakkasen vuoksi. Pariisiin matkustavat pakataan linja-autoon ja siirretään Mirabelin lentokentälle. Se on avattu ainoastaan meitä varten. Odotamme Pariisista saapuvaa lentokonetta. Piskuinen baaritiski avautuu ja saamme hakea mieleisemme juotavan lentoyhtiön laskuun. Istun yksin hehkuviinilasi edessäni.

Keski-ikäinen mies liittyy seuraani. Hän luulee minua puo-
lalaiseksi. Korjaan asian. Mies kyselee suosikkijääkiekkoili-
jaa. Saan viimein mukavampaa ajateltavaa.

28

Ero

Kesällä muutama päivä ennen mieheni maahan paluuta muutan pois asunnostamme. Työkaverini avustavat pikamuutossa. Soitan toistamiseen mieheni suomalaiseen puhelinliittymään. Viimein linja avautuu. Miamista tuleva lentokone on laskeutunut Suomeen. Sydämeni hakkaa vimmatusti. Kerron muuttaneeni pois yhteisestä vuokra-asunnostamme. "Mitä! Mitä tämä tarkoittaa?" Lopetan puhelun. En uskalla seuraavana päivänä mennä töihin. Aavistukseni mukaisesti mieheni käy etsimässä minua työpaikaltani.

Kristian anelee minua entiselle asunnollemme keskustelemaan. Lopulta suostun pyyntöön. Työkaverini turvaa vierailua. Mieheni heittäytyy dramaattisesti sängylle itkemään. Edes tämä ei minuun enää tehoa. Seuraavaksi mieheni väittää olevansa niin varaton, ettei hän pysty maksamaan vuokraa. Maksan kahden asunnon vuokran sekä välistyspalkkion pienestä palkastani. Lisäksi teen loppusiivouksen entiseen yhteiseen asuntoomme. Myöhemmin kuulen ystävältäni mieheni olleen toisella paikkakunnalla työn vuoksi.

Haen uudelleen avioeroa. Se astuu voimaan puolessa vuodessa, sillä olemme asuneet vuoden erillämme. Mieheni ei kunnioita eroa. Kertaan hänelle, etten halua olla enää hänen kanssaan missään tekemisissä. Muutan toiselle paikkakunnalle. Mieheni kaivaa minut toistamiseen käsiinsä tivaten, miksi en halua nähdä häntä. Hän vannoo meidän kuuluvan ikuisesti yhteen. Ajatus pelottaa. Mies kaivaa uuden puhelinnumeroni esiin muutamassa tunnissa, ellen muista heti laittaa numeroa salaiseksi. Hän etsii minua internetistä ja soittelee työpaikalleni. Hän lähestyy sähköpostitse ymmärtämättä sitä tuskaa, jonka hän väkivaltaisuudellaan on minulle yhdessäolomme aikana aiheuttanut. Kristian tuntuu inhonneen minua koko yhdessäolomme ajan. Mikä saa hänet unohtamaan tuon kaiken?

Vainoamista jatkuu yli kymmenen vuotta. Pelkään, vietän unettomia öitä, ahdistun ja siivoan jälkiäni netissä. Toisinaan istun aamuviiteen sohvalla tuijottaen ulko-ovea. Pelko saa tolkuttomat mittasuhteet, enkä välillä pysty nukkumaan kuin joka kolmas yö. Välttämiskäyttäydyn kaikin mahdollisin tavoin. Kristian etsii tietojani järjestelmällisesti. Tämä saa vahvistuksen perustaessani Twitter-tilin. Kahden minuutin päästä minulla on jo ensimmäinen seuraaja – entinen mieheni. En jaksa kantaa tätä taakkaa. Olen menettänyt jo työkykyni. Paljastan vanhemmilleni kahdentoista vuoden salaisuuden.

Käynnistän raskaan oikeusprosessin. Terveyteni reistailee. Vanhempieni ostamalla monitoimilaitteella tulostan ja kopioin todisteita, kuten lääkärinlausunnot. Työpaikkani it-tukihenkilö kaivaa poistamistani sähköpostiviesteistä entisen mieheni lähettämiä sähköposteja. Tallennan ystävieni kanssa käymäni sähköpostikeskustelut ja tulostan ne. Ulkomailla asuva serkkuni löytää kymmenen vuotta aiemmin lähettämäni kirjeen, jossa kerron, kuinka paljon pelkään väkivaltaisen exäni ilmestyvän työpaikalleni tai kotiini. Kuukauden ajan kuskaan todisteita poliisille ja käräjäoikeuteen. Teen rikosilmoituksen raiskauksesta. Entisen mieheni toiminta täyttää vainoamisen muodot, mutta harmikseni vainoamisesta tulee rikoksena rangaistavaa vasta myöhemmin.

Käyn keskustelemassa tilanteestani tutun asianajajan kanssa. Hän tiedustelee, miksi annoin entisen mieheni jatkaa toimintaansa näin pitkään. Kaksitoista vuotta hänellä on ollut näkymätöntä, myrkyllistä valtaa minuun. Oikeudenkäyntipäivänä asianajaja on valitettavasti istunnossa toisella puolella Suomea. Olen pohjustanut asiani niin hyvin, että pärjäisin oikeudessa yksinkin. Saan suosituksen hyvästä asianajajasta ja otan häneen yhteyttä.

Oikeustalon pihalla luulen kuolevani Kristianin katkeraan luotiin. Niin paljon minä henkeni puolesta pelkään. Juoksen vanhempieni autosta sisään turvatarkastukseen. Tämän jälkeen minut viedään pelkäävien huoneeseen. En halua nähdä vastapuolta missään vaiheessa. Kuulen isäni äänen huurretun lasioven takaa odotussalista. Olen hermostunut. Käräjäsihteeri saapuu viedäkseen kaksi juomalasia ja vesikannun oikeussaliin. Pyydän lupaa kurkata sisään.

Viimein minut ohjataan istumaan oikeussaliin sermin vasemmalle puolelle. Kaunis vaaleahiuksinen asianajaja istuutuu viereeni. Tervehdin tuomaria. Hän kumartuu tutkimaan asiakirjoja pienet kakkulat nenänsä kärjellä. Tuomarin olemus muistuttaa hyönteistutkijaa. Oikeudenkäynti polkaistaan käyntiin. Äitini ja ystäväni saavat luvan seurata istuntoa. Koska syytetty ei saavu oikeuteen, tuomari poistaa näköesteenä toimineen sermin. Asianajaja kertaa todisteet, joilla entisen mieheni minulle aiheuttama kärsimys voidaan saattaa näytäntöön. Tuomari pyytää minua kertomaan kokemastani. Todistajina toimiva isäni sekä ystäväni Linda pyydetään saliin yksitellen. Lisäksi tuomari soittaa serkulleni ulkomaille.

Reilun tunnin oikeudenkäynnin jälkeen siirrymme aulaan odottamaan päätöstä. Lopputulos jännittää. Noin puolen tunnin kuluttua minut pyydetään asianajajani kanssa takaisin saliin. Tuomari perustelee kantansa ja lähestymiskielto astuu voimaan heti, kun haastemies on todistetusti saanut oikeuden päätöksen toimitettua entiselle miehelleni. Olen helpottunut.

Viikko oikeudenkäynnin jälkeen rikostutkija soittaa. Hän kertoo raiskauksen rikoksena vanhenevan kymmenessä vuodessa. Joissakin tapauksissa lisäaikaa saa kaksi vuotta. Hän tiedustelee, haluanko jatkaa prosessia. Toinen osapuoli tulisi todennäköisesti kiistämään rikoksen, joten annan asian olla. Kerron saaneeni lähestymiskiellon voimaan. Olen tyytyväinen.

2. Ykä

Ensivaikutelma

Saavun harrasteklubimme uuden vuoden juhlaan hieman myöhässä. Tuttu ohjaaja vinkkaa minut istumaan viereensä. Pitkänhuiskea taikuri hauskuttaa yleisöä tempuillaan. Annan katseeni kiertää osallistujasta toiseen. Osa kasvoista on tuttuja, ja nyökyttelemme hyväntahtoisesti toisillemme. Katseeni pysähtyy keskellä huonetta istuvaan keski-ikäiseen mieheen. Hänen yllään on hieman nukkaantunut ruskea neulepusero. Miehen silmät ovat puseron väriset. Komeita kasvoja kehystävät oljenvaaleat hiukset. Sydämessäni läikähtää. Annan katseeni jatkaa kulkuaan. Se palaa kuitenkin uudestaan mieheen.

Uuden vuoden juhlat jatkuvat eri huoneissa pelien ja huvitusten merkeissä. Speden Speleistä tuttu nopeustesti saa porukan ahtautumaan pieneen huoneeseen. Värivalot välkkyvät ihmisten yrittäessä nopeusennätystä kerta toisensa jälkeen. Potkukeilaushuoneessa koen lähes naurukuoleman. Pehmeä pallo on narulla sidottu vyötärööni. Tähdätessäni kovilla potkuilla keiloja pallo moukaroi huoneen laidoille pakkaantuneita katsojia keilojen pysyessä uljaasti pystyssä. Kilpakumppanini kaatuu potkunsa jälkeen selälleen lattialle lyöden päänsä taikurin valtavaan kaiuttimeen. Juoksen vessaan pissat housuissa. Nauramiseni yltyy ulvonnaksi.

Juhlien päätyttyä hypähtelen vanhat kiviportaat alas kadulle ja soitan ystävättärelleni. Kerron kohtaamastani ruskeapuseroisesta miehestä. Kävelen eteläkaupungin poikki takaisin opiskelijayksiööni. Lopetan puhelun ja vien koirani lenkille. Viima puristaa mereltä kylmän tuulahduksen. Pakkanen kirii poskilleni. Jossain kaukana kuuluu ilotulituksen pauketta. Vihreä ja punainen loistaa pohjoistaivaalla takaisin maahan sataen. Tästä vuodesta tulee ihana ja onnellinen. Terveytenikin on kohentumassa.

Ensimmäinen kohtaaminen

Ajatukseni harhautuu takaisin juuri kohtaamaani mieheen. Tapaamme myöhemmin klubilla viattoman jutustelun merkeissä useamman kerran. Eräänä tammikuisena perjantaina lähdemme yhdessä syömään. Tämä kohtalokas kohtaaminen vie turvallisen pohjan elämältäni pitkäksi aikaa. Perusturva ei ehkä koskaan palaudu sisimpääni.

Nyt kolme viikkoa juhlien jälkeen istun kotona vessanpöntöllä. Miesystäväni pujahtaa pikkuruiseen vessaan outo ilme kasvoillaan. "Hei, onko sinulla prostituutiomenneisyys?" Hetken aikaa epäilen mieheni vitsailevan. Olen hämilläni, mutta mies on tosissaan. "Kuinka niin?" tiedustelen. "Koska sinulta on vasta poistettu kohtu ja kirjahyllystäsi löytyy Huorasatu-niminen kirja."

Tulevina päivinä Ykä epäilee minua salaperheestä. Isäni ostamat sukat eivät ole naiselliset ja lisäksi pyykkiä on niin paljon, että kantanen sitä pestäväksi toisen perheen luota. Eräänä iltana nukahdan, ennen kuin mieheni on palannut tupakalta sisälle. Havahdun kolmelta yöllä siihen, ettei Ykä ole vieressäni. Ulkona on parikymmentä astetta pakkasta. Pelkään hänen paleltuneen. Avaan verhot ja huomaan hänen autonsa hävinneen. Huokaisen helpotuksesta.

Seuraavana päivänä Ykä saapuu asunnolleni syyttäen minua tietomurrosta. Olen ymmälläni. Saan kuulla torjuneeni hänet kääntämällä selän. Neljäsataa milligrammaa antipsykootteja tuudittaa minut uneen kuten kuuluukin. Selänkääntö on miehelleni liikaa. Seuraavan kerran uskallan kääntää selän puolen vuoden kuluttua. Saan välittömästi moitteet asiasta.

Syntymäpäivän yö

Helmikuussa vietämme syntymäpäiviäni Hailuodossa. Ensimmäisen yön haluan yöpyä Ulkokarvossa. Ajamme Petsamontien päähän. Jäämme yöksi kääntöpaikalle. Tähtitaivas on kaunis! Farmariauton takaosaa peittää kaksi paksuhkoa patjaa. Suuret tyynyt ja paksut peitot tuntuvat ylellisiltä. Mahdumme hyvin nukkumaan jalkoja koukistamatta. Auton tyhjäkäynti lämmittää yön yli tasaisesti.

Seison auton vieressä bongaamassa satelliitteja. Nopeasti havaitsen niitä seitsemän. Olen niin onnellinen tästä kaikesta. En halua hotellien loistokkuutta. Haluan kokea ja nähdä omalla tavallani. Haluan juosta umpihangessa pissat housussa naurusta. Kairata reiän jäähän mutamatalikolla. Istua silti pilkkijakkaralla aamuneljään. Keittää aamukahvit retkikeittimellä. Lämmittää ruoan kertakäyttögrillillä. Minä haluan hulluttelua ja rakkautta. Aisteja rapsuttelevaa ja lopuksi tyyntyvää.

Pakkasta on yli kaksikymmentä astetta. Välillä pujahdamme autosta ulos tupakalle ja pissalle. Hyytävä sää polttaa kylmyydellään käsiä. Keskellä yötä iskee kova nälkä. Sytytämme hetkeksi tulen viereiseen autiotuvan kamiinaan. Hypimme tasajalkaa pitääksemme itsemme lämpimänä ennen nuotion syttymistä loimuihinsa. Paistamme tikunnokassa paketillisen makkaroita. Kotisinappi kruunaa hiukopalan.

Aamulla kävelemme Petsamontien kinttupolun päähän Ojakylänlahdelle. Tänne vanhaan satamaan Hailuoto-laiva toi väkeä ennen lauttaliikenteen käyttöönottoa. Pesemme hampaat ja ajamme kuuden kilometrin päähän saaren ainoalle huoltoasemalle kahville. Vanhempi nainen kävelee takahuoneesta verkkaisesti kassalle. Hän kiittää kolikoista. Istuudun pöytään selin ovelle päin. Viehätyn jälleen kerran tämän huoltoaseman kaurismäkeläisen pysähtyneestä tunnelmasta.

Ajamme Marjaniemeen ostamaan savustettua siikaa. Syömme herkun autossa. Kävelemme katsomaan suurta jääröykkiötä. Vihertävät jäälohkareet näyttävät jättiläisen toffeekarkkipalasilta. Istuudun yhden lohkareen päälle kuvattavaksi. Viima on armoton! Naamani on tunnoton piposta, hupusta ja kaulahuivista huolimatta. Juoksemme käsikädessä autolle. Varomme liukastumasta.

Seuraavaksi yöksi pakkanen kiristyy. Ajamme pientä huonokuntoista sivutietä syvälle metsään. Viimein löydämme sopivan piston auton parkkeeraamiseen. Metsä, kinokset ja auto muodostavat mukavan suojaisan oleskelualueen. Kävelemme kurkistamaan läheiselle taukotuvalle. Se ei ole edellisyön tuvan veroinen.

Nukumme yömme hyvin. Tyhjäkäynti pitää auton jälleen ihanan lämpöisenä. Aamukahvin jälkeen lähdemme vielä tutustumaan Hietaniemen rantaan. Vastaantuleva autoilija pysäyttää meidät. Hän kertoo tiellä olevan niin paljon lunta, ettei ole syytä jatkaa matkaa. Kääntyessämme automme tipahtaa osittain tyhjän päälle ojaan. Yritän pukata keulasta. Perkeleen nykyautot! Niiden ulkokuori ei ole enää rautaista työnnön kestävää peltiä. Mutkan takaa kaartaa mies mönkijällään hartiat levällään. Yksi nykäisy ja automme on taas ajotiellä. Kiitämme ja lähdemme kohti lauttarantaa.

Yhteen muuttaminen

Pari viikkoa kaikki sujuu taas hyvin. Mieheni on hurmaava. Hän houkuttelee minut tunkkaisesta opiskelijaboksistani asumaan hienoon kolmioonsa. Huomaan sen myöhemmin huonoksi päätökseksi. Tajusin sen luultavasti jo aiemmin, mutta hurmuri silotti itselleen parisuhteen tietä. Vietämme lähes kaiken ajan yhdessä. Ensimmäisestä lutkaksi ja huoraksi haukkumisesta olen kauhuissani. Purskahdan itkuun. Miten joku minua rakastava voi käyttäytyä noin julmasti. Hengellinen ja henkinen väkivalta pahenevat. Minut eristetään lähipiiristäni. Kontrollointi on vakavaa. Ykä kutsuu minua lempinimellä Raukkis.

Joudun kulkemaan kodissani puhelin rintaliiveissäni. Ykä kontrolloi puhelintani. Hän poistaa ystävieni lähettämiä viestejä siten, etteivät ne koskaan tavoita minua. Mieheni utelee, miksi ja mistä aiheesta olen puhunut ystävieni kanssa. Minulla ei ole salattavaa. Kunnioitan kuitenkin ystäviäni niin paljon, että heidän tulee saada viestiä kanssani luottamuksellisesti.

Tullessani Sonata Arctican keikalta mieheni epäilee minua saatananpalvojaksi, sillä olen pukeutunut mustaan villakangastakkiin ja punaiseen huiviin. Viitteitä saatananpalvonnasta antaa myös parin vuoden takainen käyntini Vatikaanin aukiolla. Hehkutan paavin upeaa esiintymistä. Kerron nauttineeni paavin puheesta sekä kansan laulamisesta ja tanssimisesta. Mieheni ajaa auton syrjäiselle metsän keskellä olevalle parkkipaikalle. Hämmennyn hänen tivatessaan, olenko paavin vallassa. "Paavi on saatanasta seuraava", Ykä sanoo kiihtyneenä. Ykän Jeesus-fanaattisuus on sairaalloista.

"""

Kontrollointi

Talvi taittuu kevääseen ja huomaan ajautuneeni kauas minuudesta. Iloa tuottaa päiväkahvin nauttiminen kevätauringon lämmittämällä parvekkeella. Mieheni asentaa parvekelaseihin puoli metriä korkeat sumentavat tarrat. Valo kajastuu tarroista läpi, mutta minua naapurit eivät pysty enää parvekkeella tarkkailemaan.

Sisimpäni nujertuu pala palalta. Mieheni rakkaus taittuu painavaksi lankuksi polulleni. Istun pimeän huoneen lattialla ja viiltelen käsivarteeni haavoja. Kuinka pohjalle olen tipahtanut? Mieheni astuu huoneeseen. Hän toteaa vain satanistien viiltelevän. En uskalla kuunnella enää omaa suosikkimusiikkiani. Uskaltautuessani mieheni syyttää minua jumalanpilkasta.

Värjään punavivahteen pois hiuksistani, sillä sävy on mieheni mielestä helvetillistä. Heitän meikit roskiin, koska muistutan mieheni mielestä Reeperbahnin huoraa. Hento meikkaustyylini on luonnollinen. En ole pukeutunut itseäni tyrkyttäväksi. Kaikki ihanat parfyymini kumahtavat tyhjään metalliseen poljinroskikseen. Mieheni käyttää hajusteita niin paljon, että toisinaan saan niistä migreenikohtauksen.

Väkivallan vaikutukset

En jaksa enää syytöksiä halvalle Mennenille haisemisesta ja makaamisesta työkavereiden tai yliopiston luennoitsijoiden kanssa. En ole ollut miehelleni uskoton, enkä ole kaivannut mitään niin kuin kaipaan häntä. Silti mieheni penkoo tavaroitani. Hän ei salli minulle menneisyyttäni, kymmenien vuosien elämää. Hän tutkii kirjoistani kustantajat ja etsii merkkejä ateismista. Hän käy läpi jokaisen cd-levyni kansien sisälehdet plaraten.

Ajaudun tuhoamaan satoja valokuvia, kymmeniä cd-levyjä, kirjoja, kirjeitä, hymytyttöpatsaani, palkintoni sekä ammattilakkini. Myös rippiraamattuni sujahtaa paperinkeräykseen, sillä mieheni mielestä okkultistikääntäjät ovat suomentaneet sen. Hänen mielestään evankelisluterilaiset kirkot eivät osaa julistaa evankeliumia. Vierailin Jerusalemissa kaksi kuukautta ennen tapaamistamme. Mieheni mielestä uskoni ei riitä kantamaan Pyhän haudan kirkolta ostamaani puuristiä.

Luovun jopa rakkaasta harrastuksestani postcrossingista. Kuljen uupuneena puoliminänä uneen paeten ja seuraavaa leimahdusta peläten. Ykä pelottelee minua paholaisella useita kertoja päivässä. Hän kertoo, kuinka saatanat juoksevat öisin hänen isänsä luona sorkat lattialla kopisten. Alan kärsiä voimakkaista peloista.

Ykä on heittänyt saunassa juomalasillisen virtsaa kasvoilleni. En uskaltanut pestä ällöttävää imeläntuoksuista nestettä pois iholtani. Pelkäsin Ykän pitävän sitä torjumisena. Mieluummin kärsin tahmean oksettavan kusen imeytymisestä löylyn lämmössä. Hämmennyin Ykän suositellessa emättimen uudelleen muotoilevaa leikkausta kohdunpoistoleikkaukseni jälkeen. Hänen näkemyksensä oli itsekäs ja loukkaava. Viisi viikkoa aiemmin minulta poistettiin kolme sisäelintä, joista yhdessä oli kasvain.

Turvakoti

Istun tilataksin takapenkillä koira sylissäni. Risainen reppu nojaa pohjettani vasten. Kipu tuntuu töyssyissä. Pohjelihaksen päälle valunut neste on lähes poistunut. Sairaalasta lainaamani kyynärsauvat jäivät paniikissa kotiin. Vilkuilen taksin ikkunasta kadulle. Saan puhelinsoiton mieheltäni. Hän on rynnännyt perääni ja tivaa, kuka minut haki. Tärisen koira sylissäni. Miten elämästäni on tullut tällaista?

Jalkani hajosi kaksi viikkoa aiemmin puolustaessani itseäni. Tuona iltana menin normaaliaikaan nukkumaan, jotta jaksaisin tehdä töitä seuraavana päivänä. Aistin illan aikana vainoharhaisuutta mieheni käytöksessä. Puolen yön jälkeen Ykä yritti töniä minua hereille. Olin vahvasti unilääkkeissä ja halusin nukkua. Puhelimeni olin siirtänyt rintaliiveistä paksun petauspatjan alle. Hermoilin, kuulenko herätyshälytystä aamulla. Mieheni jatkoi tönimistä. Maltoin mieleni ja pysyin rauhallisena. Hän riuhtaisi peiton päältäni. Makasin alastomana selin mieheeni tietämättä, mitä minulle seuraavaksi tapahtuu.

Ykä avasi ikkunan ja antoi pakkasilman virrata huoneeseen. Hän asetteli suuren metallisen tuulettimen puhaltamaan raakaa ilmaa suoraan iholleni. Seuraavaksi hän painoi paristoilla toimivan matkaradion korvaani vasten äänensäätö täysillä. Hän vatkasi kanavasäädintä mielipuolen tavoin. Voimakas kakofonia repi sisintäni riekaleiksi. Alastoman, puolustuskyvyttömän vartaloni iho oli kananlihalla kauhusta ja kylmästä.

Kaksi tuntia myöhemmin istuin sairaalan yhteispäivystyksessä pyörätuolissa kävelykyvyttömänä. Bakerin kysta repesi polvesta potkaistessani vessan ovea Ykän takavarikoitua puhelimeni keskellä yötä. Polttava neste valui kivuliaasti pohjelihaksen päälle, tehden jalasta turvonneen ja painavan. Seuraavien viikkojen ajan kuljin keppien varassa. Olin sairaslomalla, mutta tein silti töitä. Työmääräni oli suuri suhteessa olemattomaan viikkotuntimäärään. Sairaslomalla pystyin edes hieman kuromaan työstä aiheutuvaa painetta kiinni.

Turvakotiin päätyvän päivän kulku etenee järjestelmällisesti. Aamulla soitan valtakunnalliseen kriisipuhelimeen, sillä en osaa arvioida omaa tilannettani. Kaiken kokemani jälkeen epäilen yhä, onko Ykän käyttäytyminen sittenkään niin pahaa. En kykene sanoittamaan, mikä on normaalia kohtelua ja mikä ei. Pitemmän aikaa olen pelännyt öisin tulevani leipäveitsellä pistetyksi.

Kriisipuhelimen rouheaääninen nainen kysyy, kuinka kauan ajattelin vielä jaksaa tällaista elämää. Hän ehdottaa soittoa paikalliseen kriisipuhelimeen. Sieltä minut ohjataan turvakodin avopuolelle. Sovimme tapaavamme kahden päivän päästä. Se on kuitenkin liian myöhäistä.

Tänään maanantaina palattuani italian tunneilta huomaan tilanteen pahentuneen. Ykä on synkkääkin synkemmän näköinen. Hän ei usko, missä olen ollut. Levitän hänen eteensä nipun italian kurssin monisteita ja iloitsen, kuinka paljon opimme ensimmäisellä tunnilla. Mieheni hieroo sotkuista tukkaansa epäuskoisena.

Puen koiralleni manttelin ja valjaat. Iltalenkiltä soitan turvakotiin ensimmäistä kertaa elämässäni. En ole viikkoihin saanut poistua yksin kotoa ilta yhdeksän jälkeen. Nyt se onnistuu. Ystävällinen naisääni vastaa ja kuuntelee minua. Hän kehottaa tulemaan turvakodille heti. Soitan nopeasti ystävälleni. Hän ei tiedä tilanteestani mitään. Sovimme tapaavamme turvakodin pihassa. Kerron ystävälleni osoitteen ja neuvon tien. Mikäli minusta ei tuntiin kuuluisi, ystäväni soittaisi poliisit avukseni.

Kotona kaiken on tapahduttava nopeasti. Kädet täristen asetan avaimen lukkoon. Sisään päästyäni huomaan mieheni yhä istuvan sohvalla. Survon tietokoneeni reppuun. Tunnen pyörtyväni jännityksestä. Mieheni alkaa riisua koiraa. Totean, ettei riisuminen ole tarpeen, sillä lähdemme turvakotiin. Poistun asunnosta nopeasti. Juoksen koira sylissä kohti keskustaa. Tilaan taksin vasta ollessani riittävän kaukana kotoa.

Taksi kaartaa turvakodin edustalle. Pyydän pysähtymään ajotielle. Maksan kyydin ja kiitän. Reppu selässä ja koira sylissä hypähdän ulos. Horjahdan, sillä en muista varoa kipeää pohjettani. Puristan koirani tiukemmin syliini. Kuiskaan Nipsulle, että me kyllä selviämme. Kyynel valuu suureen korvaan ja koira puistelee päätään. Pitkät mustat korvahapsut jäävät hassuun asentoon. Ystäväni on luvannut ottaa koirani hoitoon määrittelemättömäksi ajaksi.

Minua hermostuttaa seistä kadulla odottamassa, sillä pelkään mieheni tulevan räyhäämään. Pian tuttu punainen auto kaartaa turvakodin edustalle. Irtonaisen pakoputken äänet kumahtelevat kivirakennusten seinuksista. Ystäväni Linda ja kummityttöni Viki nousevat autosta. He halaavat minua. Teen pikaselvityksen tilanteestani. Linda itkee. Kertoessani lisää hänen itkunsa yltyy. Minun sisimpäni on niin jumissa, etten pysty itkemään. Halaan hyvästiksi ja pyydän heitä odottamaan niin kauan että olen päässyt sisälle turvakotiin. Yökkö Riitta laskee minut turvaan. Kello on yksitoista ja muut ovat nukkumassa. Riitalla on ensikodissa asuvan äidin vauva yöhoidossa. Pienokaisen tuhina kuuluu itkupuhelimesta.

Riitta on pitkä ja tomera. Hän hakee minulle maitokahvin. Aloitamme tulohaastattelun. Riitan leuka loksahtaa auki kertoessani viimeisestä vuodesta. Kokemani täyttää vahvasti henkisen ja hengellisen väkivallan, vakavan kontrolloinnin ja eristämisen tunnusmerkit. Käsitteet ovat minulle outoja. Saan "Oikeus turvalliseen elämään" -oppaan lähisuhdeväkivaltaa kokeneille naisille sekä "Turvakodin asiakkaan työkirjan". Otan oppaat haltuun omaan tahtiini. Perusteellisen alkukartoituksen jälkeen siirrymme oleskelutilaan syömään iltapalaa. Riitta tarjoaa vielä ison kulhollisen suklaajäätelöä. Keskustelemme aivan arkisista asioista.

Siirryn huoneeseeni. Tuntuu oudolta ja ahdistavalta, sillä huoneeni on alakerrassa eikä ikkunassa ole kalteria. Laitan kellon soimaan aamupalaa varten. Vilkaisen hetki sitten saamastani oppaasta varoitusmerkkejä väkivaltaisesta suhteesta: vaativa, omistushaluinen, mustasukkainen myös ystävistäsi, kontrolloi pukeutumistasi, vähättelee naiseuttasi, ivaa avunhakemista, haluaa tietää sijaintisi ja syyn siihen.

Kuukausi aiemmin istuin mieheni kanssa kahvipöydässä. Siihen mennessä oli tentattu läpi mahdollinen suhteeni miespuolisiin työkavereihini. Nyt olivat vuorossa ystäväni. Luihut kasvot vakavana mieheni tiedusteli, oliko minulla suhde Lindaan tai Ursulaan. Nauratti pirusti, mutta en uskaltanut sen antaa näkyä. Toisaalta miehelläni oli kyky saada minut uskomaan olevani syyllinen hänen moittimiinsa asioihin. Puna kasvoilla kiistin suhteet.

On ensimmäinen aamuni turvakodissa. Avaan harmaat verhot varovasti, sängyn reunalla yhä viipyen. Maalittomaksi kuluneella pihapenkillä istuu vaaleahiuksinen nainen. Hänen musta takkinsa on rypistynyt luisevan olemuksen suojaksi. Nainen puhaltaa rauhallisia savukiehkuroita ilmaan. Luen hänen olemuksestaan kuluneisuutta, turvattomuutta, vähävaraisuutta, epätietoisuutta ja aavistuksen toivottomuutta. Turvakotiin saavutaan syystä, ei sattumalta. Häpeä puistattaa kehoani. Turvakodissa olo on yksi lisätahra elämääni. Miten ikinä kehtaan tätä kenellekään kertoa? Ahdistus puskee verenpaineaallon hyökynä takaraivooni. Iho tuntuu myötäilevän aaltopahvin tavoin puskun voimasta.

Vaihdan päivävaatteet päälleni ja lähden verkkaisesti kävelemään kohti yhteistä oleskelutilaa. Yritän ottaa paikan tavat haltuun: kuka istuu missäkin pöydässä, missä järjestyksessä ruokaa otetaan, voiko kahvikupin viedä mukanansa tupakkapaikalle. Seuraavina päivinä huomaan protokollat turhiksi. On pääasia noudattaa yhteisiä ohjeita, jotta kenenkään turvallisuus ei vaarantuisi.

Yritän parhaani mukaan rytmittää päivääni aterioilla. Ateriakerrat putoavat kuitenkin päivärytmistäni kuin lottopallot lottokoneesta. Kohtaan kauniita sieluja ja surullisia ihmiskohtaloita. Keskustelemme luottamuksellisesti. Välillä joudun poistumaan huoneeseeni, sillä sieluni on aivan rikki. En kestä yhtään surullista tarinaa enää, enkä toisaalta halua tietää aivan kaikkea. Minun on suojeltava itseäni.

Lähdin turvakotiin kymmenen minuutin varoajalla, ilman vaihtovaatteita. Käyn ohjaajan kanssa turvakodin kirpputorihuoneesta etsimässä itselleni sopivia vaatteita. Toimistolta saan lahjoittajan neulomat upouudet villasukat. Ne tuovat lohtua, turvaa ja lämpöä raastaviin öihin. Myös eräs turvakodin asukkaista lahjoittaa minulle vaatteitaan. Myöhemmin uskaltaudun kävelemään Lidliin, ostamaan nätimmän paidan töissä järjestettävää yleisötilaisuutta varten.

Äitienpäivänä saan turvakodin henkilökunnalta kahdenkymmenenviiden euron lahjakortin, kasvonaamion sekä ruusun. Liikutun kyyneliin. Talon asukkaiden kanssa turvaamme toisiamme piipahtaessamme asioilla. Välillä noudan tupakkaa henkilöille, jotka eivät voi poistua hetkeksikään sisätiloista. Elän elämääni valppaan saaliseläimen tavoin. Stressitasot kehossani ovat korkealla.

Oltuani pari viikkoa turvakodissa minulle suositellaan väkivaltaa kokeneiden naisten ryhmätapaamista. Tällä kertaa vierailevana puhujana on henkilö Narsismin uhrien tuki ry:stä. Totean ohjaajalleni, ettei asia taida koskea minua. Hän kannustaa kuitenkin osallistumaan ryhmään. Kävelen toiseen päähän taloa ja istuudun pienen huoneen pöydän ääreen posket hämmennyksestä punoittaen.

NUT-yhdistyksen tukihenkilö aloittaa alustuksensa narsistisen ihmisen käyttäytymisestä. Tuntuu kuin hän puhuisi alkuvuodestani, henkisen ja hengellisen väkivallan, vakavan rajoittamisen ja eristämisen kokemuksestani. Alustuspuheenvuoron jälkeen ympärilläni olevat naiset kertovat viimeaikaiset kuulumisensa. Ryhmätapaamisen jälkeen ymmärrän, kuinka huonosti minua on viimeiset kuukaudet kohdeltu.

Olen yhä virallisesti kirjoilla Ykän luona. Minun on saatava lääkkeeni sekä kirjaston kirjat asunnoltamme. Soitamme ohjaajani kanssa hätänumeroon. Pyydän poliiseja turvaamaan kotona käyntiäni. Sovimme sopivan ajankohdan. Menemme yhdessä Ykän asunnolle. Poliisi soittaa ovikelloa ja yrittää avata ovea ojentamallani avaimella. Lukko pyörähtää auki, mutta ovi ei inahdakaan. Huomaan oveen ilmestyneen turvalukon. Soitan kiinteistöhuoltoon. Turvalukkoon on avain ainoastaan Ykällä. Poliisit tavoittavat hänet puhelimitse. Noin kymmenen minuutin päästä Ykä saapuu avaaman oven. Otan nopeasti tarvitsemani tavarat ja poistun poliisien kanssa asunnosta.

Sinnikkäästi käyn töissä koko turvakotijaksoni ajan. Minua ohjataan toimimaan toisin nopeuttaakseni toipumista. Haluan olla hyvä työntekijä. Teen töitä myös iltaisin ja viikonloppuisin. Päivät ovat repaleisia. Minulla ei ole työpuhelinta, joten yhteistyökumppanit soittelevat vapaapäivinäni henkilökohtaiseen numerooni. Hoidan jokaisen kohtaamisen tunnollisesti. Ykä lähettää tekstiviestejä välillä syyttäen ja uhkaillen. Hän pyytää minua nauttimaan turvakodissa olemisesta ja valmiista ruuista. Eikö hän vieläkään ymmärrä syytä sille, etten voi asua omassa kodissani? Ohjaajat neuvovat olemaan lukematta viestejä tai vastaamatta puheluihin.

Vakautta viikkoihini tuo kahvi, tupakka ja sauna. Ohjaajat tuntevat jo saunahulluuteni. He nykäisevät hihasta, mikäli joku ensi- tai turvakodin puolella on jättänyt saunavuoronsa väliin. Toisinaan lukkiudun leikkihuoneeseen soittamaan pianoa. Selaan Suuria Toivelaulukirjoja ja valitsen tunnelmaan sopivia kappaleita. On kaihoa, surua, rakkautta ja häpeää. On voimaa, rouheutta, vihaa ja katkeruutta. Annan sormien liidellä koskettimilla. Kyyneleet valuvat kasvoillani. Viimeisinä turvakotiviikkoina epätoivo ja malttamattomuus ahdistavat mustat ja valkoiset soimaan voimalla. Lapset koputtavat lasiseinään. En välitä. Nyt on hetkeni purkaa sisintäni.

Uusi asunto

Vietettyäni viisi viikkoa turvakodissa on aika muuttaa uuteen asuntoon. Olen totaalisen rahaton. Varaan ajan diakonille. Keskustelemme kohtaamastani hengellisestä väkivallasta sekä taloudellisesta tilanteestani. Diakoni kirjaa käyntini yksityiskohdat ylös ja toteaa hyväntahtoisesti entisen kumppanini olevan psyykkisen avun tarpeessa. Saan kuudenkymmenen euron edestä lahjakortteja K-kauppoihin. Itken ilosta. Diakoni halaa ja toivottaa taivaan isän siunausta ja varjelusta. Sitä minä todellakin elämässäni tarvitsen.

Diakonin lisäksi tapaan samalla viikolla Pelastusarmeijan luutnantin. Käymme pitkän keskustelun tilanteestani. Tuntuu lohduttavalta tulla näiden ventovieraiden ihmisten kuulemaksi. Luutnantti kirjoittaa kahdensadan euron ostolapun Pelastusarmeijan kirpputorille. Sieltä löydän jämäkän hiekanvärisen sohvan, pitkän olohuoneenpöydän sekä kauniin jalkalampun uuteen kotiini. Viisi vuotta aiemmin kuskasin samalle kirpputorille lahjoituksena puoli kotiani muuttaessani pieneen metsämökkiin Hailuotoon. Hyvä palaa takaisin.

Rakkaat ystäväni keräävät lahjoituksena huonekaluja, pesuaineita, vaatteita ja muuta tarvittavaa. He vuokraavat pakettiauton ja avustavat muutossa. Yhdessä turvakodin ohjaajan kanssa laatimani nelisivuisen ohjeen mukaisesti teemme muuton ripeästi. Suunnitelman avulla turvaamme ainakin tärkeimpien tavaroiden noudon Ykän luota. Pyysin tarjousta turvatusta muutosta, mutta valitettavasti sen hinta oli liian korkea. Ykä on yhteistyöhaluinen, joten saan ystävieni kanssa tehtyä muuton jouhevasti.

Ykän paluu

Haavoittuneena alan seurustella Ykän kanssa uudestaan. Nyt kuusi viikkoa myöhemmin katson televisiota uudessa kodissani. Puhelin on tarkoituksella äänettömällä. Jos nukahdan, haluan keinua unten suloisilla aalloilla aamuun saakka. Yhdeksän jälkeen nuokahtelen ja siirryn sänkyyn nukkumaan. Pieni karvaton koirani asettuu pönkäksi selkäni taakse. Vaivun raskaaseen uneen ja pitkästä aikaa minua ei pelota omassa kodissani. Nukahdan tyytyväisen tokkuraisena.

Tunteja myöhemmin havahdun ovelta kuuluvaan jyskeeseen. Kiukku ja kauhu valtaa minut. Kuka uskaltaa keskeyttää kallisarvoiset uneni! Ovikello soi ja jyske voimistuu. Avaan välioven. Tärisen, sillä kotiini on menneisyydessä tunkeuduttu kolme kertaa. Vapisevalla äänellä kysyn, kuka oven takan on. "Täällä on poliisi", toteaa rauhallinen ääni. Mitä muuta tämä voi olla kuin että poikani on kuollut. En jaksa enää yhtään surua ja vastoinkäymistä. Ja tämä on niistä kaikista pahin. Sydän takoo rinnassani lamaannuttavan voimakkaasti.

Avaan oven varovasti. Käytävällä seisoo kaksi virka-asuista poliisia. He ovat suurin piirtein ikäisiäni. Tumma pitkä poliisi aloittaa keskustelun. Kalju harteikas poliisi pitää käsiään lanteilla ja tarkkailee tilannetta sivummalla. "Niin me tulimme tarkistamaan, kun tuo miesystäväsi Ykä soitti hätänumeroon ja epäili, ettei sinulla kaikki ole hyvin. Meillä on silloin velvollisuus tulla katsomaan, onko henkilö kunnossa." Olen suunnattoman helpottunut, ettei kukaan ole kuollut. Samaan aikaan kiukkuni kasvaa. Pyydän poliiseja eteiseen pois käytävältä, jotteivat naapurit häiriinny. Poliisit astuvat sisään asuntooni ja jututtavat minua vielä hetken. He tekevät lähtöä, ja vasta tässä vaiheessa Ykä näyttäytyy käytävältä. Hänen luihuilla kasvoillaan on outo ilme. Toivotan poliiseille hyvää yötä.

Ykä jää asuntooni oven sulkien. Välittömästi hän tarkistaa tiskipöydän sekä kirjoituspöydän. Niin hän tekee aina tullessaan kyläilemään. Hänen silmänsä etsivät merkkejä sellaisesta, minkä olisin jättänyt raportoimatta. Hän kurkottaa nenänsä kohti hengitystäni. "Haista Ykä vittu", sihisen ja painun takaisin peiton alle. Ykä saa öisen tarkistuskierroksensa suoritettua ja jatkaa matkaansa. Myöhemmin saan tekstiviestin, jossa hän väittää minun ryypänneen useita päiviä. En ole käyttänyt alkoholia pariin vuoteen.

Ykä laittaa useasti aamuyöstä viestejä, vaikka tietää minun nukkuvan. Hänellä on tieto vakavasta uniongelmastani. Silti hän odottaa minun vastaavan yhteydenottoihin myös öisin. Sadismi jatkuu. Ykä pakottaa minut kävelemään kaupungin halki kotiini kumisaappaissa ja yöpaidassa vahvojen unilääkkeiden alaisena. Hänen autonsa lipuu vierelläni. Kuskinpuoleinen ikkuna avautuu. "Kerro Darwinille terveisiä!" Ykä huutaa ja kaasuttelee tiehensä. Yliopiston lukuvuoden avauksen lähestyessä saan kuulla syytteitä jumalanpilkasta. Sitä tieteenharjoittaminen hänen mielestään on. Pelkään uusia syytöksiä. Pelkään iltoja ja öitä paholaisilla pelottelujen jälkeen. Kaikki tämä saa minut voimaan entistä huonommin.

3. Vapaus

Suhde Ykään päättyy

Päätän lopettaa suhteen Ykään lopullisesti. Vaihdamme vielä lähikaupan pihassa pussilliset toisillemme jääneitä tavaroita. Minulle tämä on se kohta, jonka jälkeen en halua enää Ykän lähestyvän tai ottavan kontaktia. Vaihdan puhelinnumeron, sillä tekstiviestejä tulee edelleen. Ykä ilmestyy kahdesti asunnolleni. Toisella kertaa en pääse kaupasta kotiin, sillä Ykä on parkkeerannut autonsa kotipihalleni. Pyydän apua hätänumerosta.

Ykältä on tullut useita sähköposteja eromme jälkeen. Viesteissään hän sanoo minua biseksuaaliksi ja toivoo että paranen. Hän syyttää minua uskottomuudesta ja sanoo minua prostituoiduksi. Hänen mukaansa kaikille hänen syytöksilleen on totuuspohja. Pian viestit muuttuvat seksin vonkaamiseksi. Minua etoo hänen kertoessaan, mitä haluaisi keholleni tehdä. Hän uhoaa, ettei Lucifer tai kommunistisukunikaan voi minua auttaa. Ykä loukkaa kaiken muun lisäksi uskonnonvapauttani.

Isän syntymäpäivä

On isäni 76-vuotispäivä. Perheeni ja minä olemme kokoontuneet viettämään elokuista sunnuntaita sairaalan ala-aulaan. Kanttiini on kiinni, joten saamme rauhassa hyödyntää sen kalusteita. Äiti levittelee kertakäyttölautasia ja -mukeja pöydälle. Hän on ostanut leivonnaisia ja limonadia. Halaan isää ja istun häntä vastapäätä pitkän pöydän päähän. Huomaan isän tummien hiusten täysin harmaantuneen.

Isä on ollut sairaalassa useita kuukausia. Hänen muistisairautensa on edennyt vauhdilla ja vienyt toimintakyvyn. Tiedämme, ettei hän enää pääse kotiin asumaan. Se tieto musertaa. Isä on aina ollut perheen pää. Nyt perheen dynamiikka on sekoittunut täysin. Äiti joutuu selviytymään kotona yksin. Hän on kohtalaisessa kunnossa, mutta elämänkumppani on tavallaan poissa.

Tänään tässä syntymäpäiväpöydän ääressä isäni on iloinen ja naureskelee kaataessaan tarkoituksella limonadia syntymäpäiväkortin väliin. Me muut yritämme pitää surumme näkymättömissä. Katson isää ja lupaan mielessäni, etten päästä Ykää enää elämääni. Isäni ei koskaan olisi antanut kenenkään kohdella minua niin huonosti.

Muutto kauemmas

Käydessäni terapiassa Turvakodilla minua kannustetaan muuttamaan jälleen uuteen asuntoon. Se on ainut mahdollisuus päästä vapaaksi Ykän häirinnältä. Muutan maalle kymmenien kilometrien päähän entisestä asunnostani. Rivitaloyksiöni on todellinen löytö! Se on vasta remontoitu ja vuokrakin on edullinen. Takapihalla on suuri terassi, johon laitan teltan kesäksi. Kylällä on kaikki tarvittava: kauppa, kirjasto, apteekki, hyvinvointipiste, useampi kampaamo, kosmetologi ja hieroja. Onnekseni ystäväni Ursula asuu vain kilometrin päässä. Hän tiedottaa minua kiitettävästi paikallisessa puskaradiossa ilmoitettavista tapahtumista.

Noin viikkoa ennen joulua kävelen pienelle kylätorille hakemaan pakastettujen elintarvikkeiden muodossa annettavaa köyhäinapua. Me parikymmentä vähävaraista pengomme kirpakassa pakkassäässä torille levitettyjä kuitukasseja sopivaa ruokaa etsien. Kasvissyöjänä olen onnekas, sillä kasvisruoat eivät oikein kelpaa kenellekään. Pakkaseni ei ole koskaan ollut näin pullollaan ruokaa.

Mieleeni muistuu kahden vuoden takainen leipäjonoreissu. Siskoni ja minä olimme jonossa paikoilla 103 ja 104. Ruoka-avustuskassit saatuamme olimme lähdössä jatkamaan matkaamme. Ladani ei käynnistynyt. Olin saanut auton pojaltani, joten soitin hänelle kysyäkseni neuvoa. Poika kertoi vikaepäilynsä. Pieni liitin oli irronnut moottorin alaosasta. Takapuoli pitkällä sukelsin konepellin alle. Iso kourani mahtui juuri ja juuri moottorin raosta tarttumaan irronneisiin vastinkappaleisiin. Yhdistin osat ja Lada pärähti moitteetta käyntiin.

Surullinen joulu

Joulun alla käyn ystäväni Maunon kanssa paikallisella kylätalolla joulutapahtumassa. Taikuri hauskuttaa yleisöä ennen joulupukin saapumista. Ulvon naurusta. Arvontapöytä notkuu toinen toistaan komeampia palkintoja. Emme tajunneet ottaa käteistä mukaan, joten arvat jäävät ostamatta. Kahvionurkkauksessa joulutorttu maistuu lehtevän voiselle tuoreen kahvin kera. Ulkona on kaunis sininen hetki.

Lähdemme ajamaan takaisin asunnolleni. Kapea tie kiemurtelee suurten lumisten kuusien välistä. Tämä erämaa tuottaa suurta mielihyvää. Kaartaessamme Yli-Iin päätielle jäämme odottamaan suojatielle pissaavaa poroa. Muut porot ovat asettuneet jalkakäytävälle hautausmaan viereen. Hymähdän.

Pari päivää myöhemmin menen kyläkoululle seuraamaan kaukalopallokisaa. Kylällämme on tuhat asukasta. Näin joulun aikaan keski-ikäiset kaupunkeihin muuttaneet ovat tulleet vanhempiensa luo joululoman viettoon. Pujahdan kotaan juomaan mokkaruutukahvit. Tuli ritisee ja lämmittää pakkasenpuremia poskia. Porontalja tuntuu pehmoiselta pyllyn alla. Kahvinkeittäjä tuskailee kotiin unohtuneita roihuja. Tarjoudun hakemaan ulkotulia kotoani. Puolen tunnin päästä kodan ulkopuolella on komea roihukuja. Nainen tiedustelee, paljonko tulet maksavat. En halua rahaa. Haluan auttaa ja tuoda iloa.

Ottelua seuraavana päivänä saan puhelun ystävältäni Lindalta. Hän kertoo suruntuskaisella äänellä Juken kuolleen. Pyydän ystävääni toistamaan asian, sillä en usko kuulemaani. Rakas kahdeksantoistavuotias kummityttöni Viki on menettänyt kihlattunsa tapaturmaisesti. Mieleni ei halua värittää tapahtumasarjaa todeksi. Linda vaikeroi, kuinka hän voi kertoa suru-uutista äidilleen ja pojalleen.

Seuraavana päivänä menen Maunon kanssa vierailulle surun asuttamaan kotiin. Parkkeeraamme auton pitkän letkan jatkeeksi. Kaikki tuntuu pysähtyneeltä ja painostavalta. Jouluvalot tuikkivat kuin anteeksipyytäen loistoaan tällaisella hetkellä. Ulko-ovi avautuu ja pari nuorta naista poistuu talosta. Heidän kasvonsa ovat vakavat. Katseet viipyilevät maassa.

Halaan Lindaa ja kerron, kuinka pahoillani olen tapahtuneesta. Katseella etsin kummityttöäni Vikiä. Näen itkusta nytkähtelevän hahmon istuvan leveällä sohvalla. Säikähdän, sillä suru on muovannut tytön kasvot lähes tunnistamattomiksi. Tumma suru valuu loputtomana kyynelvirtana hänen poskillaan. Halaan Vikiä. Hän huutaa, kuinka Juken pitäisi olla täällä lohduttamassa häntä. Viki on itkenyt äänensä käheäksi.

Keittiön pöydällä on kaunis, rakkautta hehkuva kuva nuorestaparista. Kuvan edessä on kynttilöitä, kukkia ja surunvalittelukortteja. Halaan pöydän päässä istuvaa yhdeksissäkymmenissä olevaa mummua. Hailakan särkynein silmin mummu toteaa Vikin olevan aivan rikki. Kummitytön suru musertaa sieluni. En ole kohdannut suurempaa epätoivoa. Linda istuutuu tyttärensä viereen. Viki hakkaa äitiään nyrkein ja huutaa: "Äiti, sano, että Juke tulee takaisin! Äiti, tuleehan Juke takaisin, kuulikko!" Linda silittää Vikiä selästä. Katseemme kohtaavat.

Kuukautta myöhemmin istun tuttavani Janskin kanssa kirkossa Juken hautajaisissa. Aurinko paistaa ja ulkona on kova pakkanen. Tunturimaisema järvineen näyttää kauniin lohdulliselta. Jännittää ja surettaa. Koko tilanne tuntuu epätodelliselta. Parkkipaikka on täynnä autoja. Kaunis kodanmallinen kirkko on täyttynyt lähes peräpenkkiä myöten. Nuorimies jäi reiluudellaan ja avoimuudellaan ihmisten sydämiin. Pelkästään kylän adressissa on yli viisisataa nimeä. Muita adresseja on kymmenen sentin pino.

Perältä katsottuna etupenkissä oikealla istuu Juken isä sinivalkoista arkkua tuijottaen. Hänen leveät hartiansa nytkähtelevät loputtomasta itkusta. Toisella puolen käytävää etupenkissä istuu Linda. Hänen nyyhkytyksensä yltyy Vikin astellessa arkun viereen jättämään jäähyväisiä rakkaalleen. Sydäntäni kipristää. Viki näyttää pieneltä ja hauraalta mustassa mekossaan.

4. Laitoselämä

Pelkotilat ja harhaisuus

Rakas ystäväni Jaana tulee vierailulle vuoden toiseksi viimeisenä päivänä. Ennen ystäväni saapumista käyn kyläkaupassa. Olemattomienkin ostopäätösten teko on mahdotonta. Vierailun aikana olen tolkuttoman väsynyt reippaasta jutustelusta huolimatta. Saan ystävältäni tupaantuliaislahjaksi kauniin vihreän, itämaisesti kirjaillun muistikirjan sekä muovikassillisen tuoretta leipää. Myöhemmin kuulen Jaanan kertoneen äidilleen, kuinka uupuneen näköinen olin.

Vaikka erosin Ykästä jo neljä kuukautta sitten, ennätti vuoden aikana kokemani väkivalta jättää jälkensä. Saanko koskaan hänen yhteydenotoiltaan ja saatanalliselta aivopesultaan rauhaa? Uuden vuoden vastaisena yönä unettomuus ruokkii pelkotiloja entisestään. Saastaiset perkeleet kasvattavat loimuavia liekkejään ja odottavat odottamatonta hetkeä. Ne ärjyvät vastamaalatuissa nurkissa ja heiluttavat sänkyäni vaipuessani uneen. Paha pakottaa minut syöksymään asunnostani pyjamassa öiselle kadulle talviyöhön itkemään.

Nousen ylös sängystä ja ramppaan ympäri pientä asuntoani. Tarkistan verhojen olevan riittävän avoinna. Ikkunan eteen asetetut verhot lisäävät pelkoani. Menen takaisin vuoteeseen pompaten viiden minuutin jälkeen ylös. Herätän poikani sekarotuisen koiran ja kiirehdin pihalle. Koira katsoo minua kysyvästi. Tummat silmät huokuvat myötätuntoa. Kyynel vierähtää poskelleni. Kävelemme pihasta kadulle ja jatkamme pyörätielle. Koira hoitaa tarpeensa pientareelle. Palaamme takaisin asunnollemme. Koira asettuu kiepille sänkyyn.

Pian juoksen jälleen ulos asunnosta. Nojaan kylmään varastonseinään ja itken. Miten tämä voi olla niin vaikeaa? Uhoan ja marssin takaisin sisälle asuntooni. Ulko-ovi kumahtaa paiskauksen voimasta. "Sinä perkele et minua tapa! Sinä saasta minulle häviät!" Paha puskee minut ulos asunnosta toistamiseen. Valahdan hiekoitussoraiselle kadulle. Polvillani huudan ja anelen apua. Tummat ikkunat uinuvat jouluenkelit lohtunaan. Käperryn pieneksi mytyksi maahan.

Muutaman minuutin kuluttua paiskaan ulko-oven auki, potkaisen nahkasaappaat nurkkaan ja uhmaan sitä paskaa, joka pitää minua hereillä. Seison keskellä yksiöni lattiaa. Katseeni liitää asunnon nurkasta toiseen. Olen hävinnyt kamppailun. Itkien soitan ystävälleni Maunolle ja kuvailen tilanteeni. Mauno on neuvoton. Lopetan puhelun. Oranssit pirunsilmät tuijottavat minua takapihan leikkikentältä. Avaruusalukset kiitävät raivoisaa kyytiä kohti olohuoneen ikkunaa. Keittiön ikkunassa pahannaamiot vääntelehtivät ilkkuen.

"Miksi te vainoatte minua? Antakaa minun hengähtää hetki", soperran. Kaikki nopeutuu ja hahmot tunkeutuvat yhä lähemmäs. Ne pakottavat minut jälleen kerran juoksemaan asunnostani pihalle. Seison sukkasillani jalkakäytävällä. Itkuisena soitan taas Maunolle ja soperran: "Auta Mauno, auta Mauno, Mauno auta." Ääneni vaimenee kuiskaukseksi. Olen tapellut perkeleitteni kanssa liian kauan. Kehoni on raastettu riekaleiksi.

Nukkuminen on ollut vaikeaa useita viikkoja. Edes koirien läheisyydestä ei ole apua. Iltaisin pelko ja ahdistus putoavat päälleni kuristavan säkin tavoin. Kaappaan koirat viereeni. Asettelen peiton korkeaksi mytyksi pääni viereen, jotta nurkkien hahmot eivät näkisi minua. Neljään tuntiin en uskalla vaihtaa asentoa, kunnes pelko ja ahdistus purkautuvat hikoilukohtauksena, kastellen lakanat.

Mauno lähtee ajamaan luokseni. Matkaa on yli viisikymmentä kilometriä. Pidän ulkovaatteet ylläni ja oven avoinna. Voin pahoin. Oksennus nousee kurkkuun. Tunnen pyörtyväni. Kaivan kestokassin tiskialtaan alla olevasta kaapista. Pakkaan koirien ruoka-astiat. Syöksyn välillä ulos hengittämään. Palaan pakkaaman koirien vaatteet, ruuat ja lääkkeet. Kuulen soran ropisevan etupihalla Maunon auton lipuessa ovelleni. Olen helpottunut.

Sairaalan päivystyksen kautta pääsen psykiatriseen arvioon ja sitä kautta suljetulle osastolle. "Tulosyy: Harhaisuus, pelkotilat. Elämänpiiri supistunut pelkotilojen vuoksi. Tukeutunut ystäviin ja sukulaisiin, viettäen aikaa heidän kanssa ja yöpyen heidän luonaan, mutta tietää ettei tämä ole pitkäaikainen ratkaisu itse ongelmaan. Pelkää sekoavansa ja pelkää, että harhat muuttuvat todellisiksi. Itsetuhoisia ajatuksia ollut joulukuun alun tietämillä, kun korkeat litiumpitoisuudet ovat aiheuttaneet oireita. Nyt ei aktiivisia itsemurha-ajatuksia, mutta sanoo ettei halua elää, jos joutuu elämään tässä nykyisessä voinnissaan pelkojen kanssa painien. Potilaalla ei tällä hetkellä ole hoitosuhdetta avohoidossa. Tiiviin avohoidon käynnistäminen ei siis onnistu välittömästi. Potilas itse toivoisi osastohoitoa. Kokee että siellä saisi tilanteen tasoittumaan ja voisi uskaltaa nukkua."

Särkyneiden sydänten osasto

Tiedän että on perjantai. Se kerrottiin aamun keskustelutuokiossa. Minulla ei ole tarkkaa mielikuvaa suljetulla osastolla viettämästäni ajasta. Toimintakykyni on olematon. Yritän keskittyä jokaiseen ruokahetkeen. Silti unohdan puolet ruuista ja ruokailuvälineistä. Toimeliaana ihmisenä tuntuu oudolta olla kykenemätön lähes mihinkään.

Aamuhetken jälkeen osallistun kappelissa hiljaisuuden hetkeen. Pienen huoneen pöydällä on kaunis orkidea, puuristi, tummanruskea enkeli ja hentoinen kynttilä. Surumielisen toiveikas musiikki keinuttaa meidät vartin hiljaisuuteen. Huomaan olevani niin väsynyt ja turta, ettei itkua enää tule.

Haluaisin kirjoittaa jotakin jokaisesta osastolla viettämästäni päivästä. Ajatusten kasaaminen ja kohdistaminen on haastavaa. Yritän piirtää joka päivä yhden kukkakortin, jotta voin laskea sairaalassa vietetyn ajan. Piirtämisessä värit ja muodot tuottavat iloa. Huomaan, ettei mikään ole niin päivän päälle. Entisessä elämässäni kaikki on ollut tavoitteellista ja suorituskeskeistä. Nyt tavoitteenani on tavoitteellisuuden etäännyttäminen.

Päivä muodostuu tunneista ja tunnit minuuteista. Jokainen minuutti muurataan kasaan olemattomista hetken hitusista. Tarvitaan tomera hitusten jono yhden sävelen soittamiseen tai yhden neulosrivin neulomiseen. Luovia ja kalliita ajatuksia pulpahtelee mieleeni, mutta voimia kirjoittamiseen ei tunnu löytyvän.

Kutsun osastoamme särkyneiden sydänten ja sielujen osastoksi. Täällä toipuvat syömishäiriöiset, vakavista mielialahäiriöistä kärsivät, osaston annista hyötyvät psykoottiset henkilöt sekä sähköhoidossa tai magneettistimulaatiohoidossa käyvät asiakkaat. Osastolla ei käytetä kovia menetelmiä, kuten lepositeitä. Oleskelunurkkauksen kirjahylly on täynnä kirjoja, lehtiä, värityskirjoja sekä palapelejä. Pienessä akvaariossa uiskentelee viitisen kalaa. Saamme vuoropäivinä ruokkia ne. Televisiota voi katsoa kiikkustuolissa keinahdellen. Päiväsalissa on aina tarjolla hedelmiä. Askarteluhuoneessa voi soittaa sähköpianoa, tehdä palapeliä ja piirtää.

Laitospyykki jätetään pesutilan pukuhuoneeseen sille tarkoitettuihin pusseihin. Suihkun letku on vain puolen metrin mittainen, jottei siihen voi kuristaa itseänsä. Henkilökohtaisen pyykin voi pestä pesutuvalla. Vietän siellä paljon aikaa. Pesutuvalla on aina lämmintä ja siellä saa olla rauhassa. Liinavaatevarastosta voi vapaasti hakea puhtaan yöpuvun tai pyyhkeen. Tupakoitsijoille on pieni yhden hengen koppi käytävän varrella. Jokaisella potilaalla on oma lukittu kaappinsa käytävällä. Kaapissa säilytetään muun muassa laturinjohtoja turvallisuussyistä. Avain on hoitajien hallussa. Erilaisia ryhmiä kokoontuu osastolla päivittäin.

Ensimmäiset viikkoni suljetulla osastolla nukun. Voimakkaat lääkkeet turvaavat untani. Olen uupunut kuukausia jatkuneiden hengästyttävän karmivien öiden jälkeen. Liikun sängystäni peiton alta vain vessaan, syömään, lääkejakoon ja suihkuun. Ulkonäköpaineet ovat täysin karisseet. Minulla ei ole edes vaihtovaatteita mukanani. Saan luvan käyttää sairaalaan aikoinaan potilailta unohtuneita vaatteita.

Leskimies

Eräänä torstaina osastolle saapuu keski-ikäinen potilas. Lounaalla mies istuutuu pitkän pöydän päähän. Olen aterioinut koko viikon kyseisessä pöydässä. Laahustan linjastolta pöytään kirjavanvihreissä potilashousuissa ja pari numeroa liian isossa Jussipaidassa. Lasken tarjottimen vastakkaiselle puolelle ja tervehdin. Mies esittäytyy Mikaksi. Hän on leski. Hänen vaimonsa menehtyi yhdeksän kuukautta aiemmin viiden vuoden syöpäsairastamisen jälkeen. Mies kertoo palanneensa suoraan töihin kumppaninsa poisnukkumisen jälkeen. Paha olo, suru, masennus ja unettomuus pakottivat hänet pitkälle sairaslomalle. Nyt hän on tullut sairaalaan tekemään hallitun lääkemuutoksen.

Tapaamme satunnaisesti käytävällä, mutta emme keskustele. Mies on yleensä pukeutunut harmaisiin collegehousuihin ja mustaan huppariin. Hän viettää paljon aikaa omassa huoneessaan urheilua tabletilta katsoen. Torstaisin osallistumme musaryhmään.

Eräänä iltana saavun ennenaikaisesti kotilomalta lääkärin pyynnöstä. Törmään käytävällä leskimieheen. Hän kertoo kirjautuneensa sairaalasta ulos. Vaihdamme puhelinnumerot ja sähköpostiosoitteet. Pyydän lupaa yhteen halaukseen. Seuraavalla viikolla saan mieheltä viestin, jossa hän tiedustelee haluani lähteä kahville. Sovimme tapaamisen seuraavalle päivälle. Rehdistä leskimiehestä tuli lopulta aviomieheni.

Sairaalapastori

Tammikuun lopulla istun jälleen kellarikappelissa hiljaisuuden hetkessä. Olen sopinut pastorin kanssa keskustelutuokiosta. Teemana on kokemani hengellinen väkivalta. Minua jännittää. Keski-ikäinen pastori sytyttää kynttilän ja laittaa klassista musiikkia soimaan. Istuudun tuoliin, suljen silmäni ja tärisen torkkupeiton alla. Omahoitajani huomaa pelkoni.

Viisitoista minuuttia myöhemmin pastori Rami siirtää tuolinsa lähemmäksi minua ja kannustaa kertomaan sydämeni taakan. Varovasti alan sanoittamaan kokemuksiani. Tunnen ilmapiirin turvalliseksi, joten kerron kaiken kokemani. Pastori puistelee päätään ja on pahoillaan kohtaamastani väkivallasta. Hän lausuu kolme tärkeää lausetta. Kenenkään uskon määrää ei kukaan ulkopuolinen pysty mittaamaan. Tämä kumoaa Ykän väitteet muun muassa siitä, ettei minun uskoni riitä kantamaan Jerusalemin Pyhän Haudan kirkosta ostamaani puuristiä. Paholaista tai saatanaa ei voi nähdä. Tämä kumoaa kohtaamani kammottavan pelottelun. Jumala on armelias ja rakastava. Tämä on vastapaino Ykän väitteille siitä, että "uskottomat" ihmiset kuolevat kituen esimerkiksi muistisairauteen. Olen kiitollinen hoitajalleni, joka ehdotti keskustelua sairaalapastorin kanssa. Minut aivopessyt saatanallinen puppu sai hyvän ja lohdullisen vastapainonsa. Tämä keskustelu oli tärkeä toipumiseni kannalta.

Asumiskuntoutus

Viiden viikon sairaalajakson päätteeksi pidämme palaverin, johon osallistuu lisäkseni lääkäri, omahoitaja, kaksi ohjaajaa asumiskuntoutuksesta sekä uusi kontaktihoitajani mielenterveystoimistosta. Olen hämmentynyt näin runsaslukuisesta osallistujamäärästä. Kyseenalaistan olevani niin tärkeä henkilö, että tällainen joukkokokoontuminen on tarpeen. Lääkäri esittelee tilanteeni. Nukkuminen on sujunut sairaalassa paremmin. Vointini ei vielä kuitenkaan kanna yksinoloa kotona. Pelkoja on paljon, eikä kaupassa käyminen onnistu.

Olen käynyt edellisellä viikolla tutustumassa asumiskuntoutusyksikköön. Olen ennakkoluuloinen, sillä minun tulisi ottaa jälleen uusi tila pelkoineni haltuun. Suostun kolmen kuukauden jaksoon. Myöhemmin tajuan, kuinka onnekas olen. Asumiskuntoutuspaikkoja on vähän tarjolla. Palaverin jälkeen pakkaan tavarani. Pankkitilini on nollilla, joten omahoitajani lähtee viemään minua taksilla asumiskuntoutukseen. Tuntuu hyvältä edetä seuraavaan toimenpiteeseen.

Saan käyttööni asumiskuntoutusyksikön suurimman huoneen. Toinen kerros lisää turvantunnetta. Huoneessa on iso kulmasohva, sänky, yöpöytä, sohvapöytä sekä kaksi nojatuolia. Seinillä on parimetrisiä suorakulmion muotoisia purppuran ja vihreän sävyisiä silkkipainotöitä. Puran kamppeeni vaatekaappiin sekä avohyllyille.

Muutamassa päivässä otan paikan haltuun. Koen eläväni onnellisessa suurperheessä siskojen ja veljien keskellä. Meillä jokaisella on oma huone tässä isossa, maalaismummolaa muistuttavassa talossa. Alan saada mukavaa rytmiä ruokailuista. Valitettavasti yöni ovat edelleen vaikeita huoneessa kahlaavien tummien hahmojen vuoksi. Yöhoitaja käy sovitusti tarkistamassa huoneeni kahdelta yöllä.

Aamut alkavat aamiaisella, jonka jälkeen kokoonnumme yläkerran oleskelutilaan. Siellä sovitaan keittiövuorot, muistutetaan siivouspäivistä ja keksitään yhteistä tekemistä. Käymme yhdessä muun muassa elokuvissa. Pääsen mukaan ruokaostoksille, sillä tarvitsen kuntoutusta kauppa-asioinnissa. Lähikaupassa tuijotamme asumiskuntoutusyksikön työharjoittelijan kanssa herkkuhyllyä. Olen saanut tehtäväkseni valita jotakin hyvää ystävänpäiväksi. Ostopäätösten tekeminen uuvuttaa. Olen aivan loppu.

Asumisyksikön piha on valtava ja siellä on runsaasti viinimarjapensaita. Ohjaajat mehustavat niistä maukasta mehua. He leipovat meille tuoreita aamiaissämpylöitä. Meistä pidetään huolta! Iltaisin lämpenee sauna, mikäli saunojia on vähintään kolme. Ilokseni saan käyttööni kortin, jolla pääsen ilmaiseksi kaupungin järjestämiin kulttuuritapahtumiin. Ennätän käydä kortilla Tiedekeskus Tietomaassa. Sitten iskee korona ja palvelut sulkeutuvat. Edes leskimies Mika ei enää pääse käymään vierailulla asumiskuntoutusyksikössä. Tilanne on outo, uusi ja sekava. Televisio ja radio tuuttaa tiedonjyväsiä koronasta. Noudatamme kehotuksia. Silti maailmanlaajuisesti nopeasti leviävää tautitilannetta on vaikea käsittää.

Omalääkärini laatima B-lausunto postitetaan sairaalasta. ”Potilas ollut hoidossa osastollamme psykoottistasoiseksi tulkittujen pelkotilojen ja unettomuuden vuoksi viisi viikkoa. Potilas on täysin työkyvytön mihinkään työhön tai opiskeluun. Viime vuoden kokenut psyykkistä väkivaltaa miesystävän taholta, joka hankaloittanut potilaan traumaoireilua. Edellä mainituista tapahtumista seurannut pelkotiloja, välttelyä, ylivalppautta ja ahdistusta sekä uupumista. Toimintakyky on alentunut.

Potilas ei ole kyennyt sairaalasta kotona käydessään suoriutumaan kaupassa käynnistä itsenäisesti. Ystävän tuella päässyt kauppaan, jossa välittömästi ahdistusta ja ärtymystä. Kyennyt kahdeksi päiväksi ostamaan kaksi banaania ja kasviskiusauksen, jota ei kuitenkaan ollut kyennyt syömään. Vetäytynyt ihmissuhteista, koska kokee ettei voimavaroja ystävien kanssa yhteydenpitoon ole. Hyvässä voinnissa kertoo olevansa sosiaalinen ja nauttii ihmisten seurasta.

Kuluneen vuoden aikana ei ole kotona siivonnut kertaakaan. Potilaalla vaikeuksia rajata omaa tilaa, voimavarojen tunnistaminen sinänsä hyvää. Ajankohtaisesti voimavarat kuluvat välttämättömiin päivittäistoimintoihin, henkilökohtaisesta hygieniasta huolehtimiseen ja ravitsemustilanteen ylläpitoon. Psyykkinen vointi vaihtelee. BDI-kyselyn tulos viittaa vaikeaan masennukseen ja BAI-kyselyn tulos vaikeaan ahdistukseen."

Korona

Vietän paljon aikaa Mikan kanssa. Meistä on muotoutunut pari. Ennätämme käydä Pyhimyksen keikalla sekä Kärppien pelissä ennen koronaepidemian alkamista. Maaliskuun lopulla yöpyessäni Mikan luona näen unta. Herätessäni olo on halju. Koronaepidemian vuoksi en pysty vierailemaan isäni luona hoivakodissa. Toivon ettei hän ymmärrä kohtaamisestamme kuluneen jo viikkoja. Edellisen vieiluni ajan isäni istui lepositeissä. Dementian vuoksi aggressiiviset yhteenotot muiden hoivakodin miesasukkaiden kanssa ovat lisääntyneet. Minua riipaisee ajatus isäni menehtymisestä ilman läheistensä läsnäoloa.

Ykä ei jätä rauhaan

Yöt rauhoittuvat peloilta, kunnes Ykä aloittaa jälleen viestittelynsä. Viestejä tulee useita. Olen ahdistunut ja pelokas. Haluan elää ja toipua rauhassa. Painajainen tuntuu jatkuvan ikuisuuden. Ykä ei saa lähestyä minua enää millään tavalla. Teen poliisilaitoksella rikosilmoituksen. Kokemani yltää korkeintaan viestintärauhan rikkomiseen. Olen pöyristynyt poliisin näkemyksestä rikoksen vakavuudesta. Tämä kuvastaa, kuinka vaikeaa henkistä- ja hengellistä väkivaltaa sekä vainoamista on rikokseksi saakka todistaa.

Kävelen yläkaupungille oikeustalolle jättämään käräjäoikeuteen pyynnön lähestymiskiellon määräämiseksi. Jatkan perusteluja lomakkeen toiselle puolelle. Olen edellisen illan istunut huoneeni lattialla lajitellen todisteita. Vain Ally McBeal -sarjan tunnusmusiikki puuttui taustalta. Pelkästään turvakodin raportteja on kaksikymmentä sivua. Tämän lisäksi on muun muassa Ykän lähettämiä sähköposteja, lääkärintodistuksia ja sairauskertomuksia.

Olen miesystäväni luona yölomalla asumiskuntoutuksesta. Uupumus valtaa kehoni jo puoliltapäivin. Konttaan portaat yläkertaan sängylle rojahtaen. Raajani tuntuvat puudutetuilta. Hengittäminen on raskasta. Minulla ei ole juuri nyt hätää, mutta viime viikot ovat olleet byrokratia-asioiden osalta stressaavia. Lähestymiskielto-oikeudenkäynti lykkääntyy koronaepidemian vuoksi. Asianajajani mukaan poliisi voi tarvittaessa määrätä väliaikaisen lähestymiskiellon.

Olen uuvuksissa. Haluaisin viimein elää normaalia elämää, jossa jokaiseen päivään ei liity pinnistelyä tai taloudellista ja henkistä ailahtelevuutta. Lähes kolmekymmentä vuotta olen hapuillut taloudellisesti viikosta toiseen. Tämä on vaatinut lukuisien eri etuuksien välillä taiteilua, keskusteluja diakonin sekä Pelastusarmeijan luutnantin kanssa, jonottamista leipäjonossa, lahjoitusten vastaanottamista, nälkää, turhautumista ja häpeää. Muutamina onnekkaina kuukausina olen saanut lisäapua toimeentulotuesta. Sen turvin saan hankittua itselleni pyykinpesukoneen sekä maksettua seitsemänsadan euron sairaalalaskun.

Bipolaarisuuden uhmaaminen

Katsomme miesystäväni kanssa Keihäsmatkoja pari jaksoa. Kello vilistää kohti yhtä. Jatkan television katselua Stalinin vainoharhaiseen maailmaan sukeltaen. Juuri nyt haluan uhmata sairauttani ja riuhtoa kaksisuuntaisen mielialahäiriöni rajoitteet raajoistani. Kyseenalaistan lääkitykseni, nukkumiseni, heräämiseni ja raastavan päiväsaikaisen väsymykseni. Bipolaarihäiriö on kahlinnut arkeni sellaiseen kehykseen, joka ei tunnu sopivan kenenkään muun maanantaihin tai tiistaihin. Haluaisin rikkoa omat kankeat selviytymiskeinoni mahdollistaakseni saumattoman yhdessäelon läheisteni kanssa. Vai pitäisinkö rutiineistani kiinni hyväksyen sen, että ne onnuttavat yhdessäoloa.

Raivo sisälläni pullistaa soluni soikeiksi. Olen kuin lämpimällä veitsenterällä hetken lepäävä voinokare. Se kellahtaa odottamattomasti suuntaan, joka lähes poikkeuksetta vaatii kasan korjausliikkeitä. Olen kyllästynyt huomioimaan sairauttani. Arkeni on maanisdepressiivisiä rutiineja raivostuttavan täynnä. Haluan valvoa aamuun, käydä rokkikonserteissa, syödä autuaan epäsäännöllisesti ja elää hetkessä.

Todellisuudessa kamppailen säännöllisen ateriarytmin puolesta, täytän lääkedosettini viikoksi eteenpäin, otan litiumin ja ketiapiinin oikeaan aikaan ja rauhoitun nukkumaan silloin kun paras toimintavire on huipussaan. Päivisin rajaan sosiaalisen kanssakäymisen olemattomiin, jotta sieluni säilyisi edes suurin piirtein ehjänä. Olen työkyvytön ja siirtynyt asumiskuntoutukseen viiden viikon sairaalajakson jälkeen. Tapaan säännöllisesti avohoitajaa, lääkäriä ja sosiaalityöntekijää. Odotan aikaa seksuaaliterapiaan. Kelan vaativan lääkinnällisen kuntoutuksen hakemus on vetämässä. Alkoholinkäytön lopetin muutama vuosi sitten.

80

5. Arki

Kotiutuminen asumiskuntoutuksesta

Olen ollut jo kolme kuukautta erossa rakkaasta kiinan-harjakoirastani. Ikävä särkee sydämeni. Päätän kotiutua asumiskuntoutuksesta ennenaikaisesti. Päätöstäni helpottaa asumiskuntoutustoiminnan muuttaminen toiselle puolelle kaupunkia. Tuntuu työläältä tehdä uudesta paikasta riittä-vän turvallinen öitäni varten. Kotiutuminen on parempi vaihtoehto. Haen Nipsun hoitopaikasta. Rakkaan naku-pöllön korvahapsut heiluvat pussaillessani pieniä poskia. Koirani sokeutui vuosi sitten. Molemminpuolisella luotta-muksella olemme saaneet arjen toimimaan. Kukaan ulko-puolinen tuskin edes huomaisi koirani näkövammaa.

Toteamme mieheni kanssa Nipsun olemuksen piristy-neen. Koirani vaikuttaa jopa terhakalta kymmenvuotiaalta. Saamme viettää ihanan kuukauden yhdessä. Vietämme pal-jon aikaa maalla asunnollani. Öisin tunnen lämpimän möy-kyn lämmittävän peiton alla jalkojani. Pieni kolmikiloinen koira turvaa yöuniani.

Toukokuun ensimmäisellä viikolla siirrymme kaupun-kiin mieheni asunnolle. Istuskelen sohvalla lukemassa. Nipsu nukkuu omassa petissään pehmoisten fleecevilttien keskellä. Varoittamatta koirani keho kaartuu voimakkaasti kuin poikki taitettava risu. Suusta pursuaa vaahtoa. Nap-paan koiran kainaloon ja juoksen autolle samalla miestäni kutsuen. Hän harppoo autolle käsilaukkuni olalla keikkuen. Pitelen kouristelevaa koiraani. Soitan matkalla eläinlääkäri-asemalle kertoen saapumisestamme.

Vastaanotolle päästyämme Nipsu tuijottaa voipuneena hoitajaa. Meidät ohjataan toimenpidehuoneeseen. Itken kuullessani koirani sydäntä särkevän huudon hoitajien yrittäessä löytää suonta pienestä tassusta. Kaikki laboratoriokokeet ovat normaalit. Lääkäri toteaa, ettei epilepsia yleensä puhkea seniori-iässä. Saamme pään magneettikuvausajan seuraavalle viikolle.

Heti kotiin päästyämme Nipsu saa lisää rajuja epilepsiakohtauksia. Hän uikuttaa kohtausten jälkeen lohduttomasti. Eläinlääkäri määrää Diapamia ja magneettikuvausaikaa aikaistetaan. Nukun kuvausta vastaavan yön Nipsun vieressä. Koirani saa jälleen rajun epilepsiakohtauksen. Huomaan kohtausten tulevan nukkumisen aikana, ei koskaan valveilla ollessa.

Lasken Nipsun pissalle aidatulle etupihalle. Koira kävelee maanisesti ympyrää välillä jumittaen katse aitaa kohden. Nostan Nipsun syliin ja menen takaisin sisälle. Lähdemme ajamaan eläinlääkäriasemalle magneettikuvaukseen. Nipsu köllöttelee tyytyväisenä sylissäni puoliksi selällään. Ehkä hän tietää pääsevänsä koirien taivaaseen. Meidät kutsutaan toimenpidehuoneeseen. Sovimme ajan, jolloin palaamme takaisin kuulemaan tuloksia.

Muutaman tunnin kuluttua eläinlääkäri pyytää meidät takahuoneeseen. Valotaululla näkyy Nipsun kuvattu pää. Lääkäri osoittaa suurta möykkyä. Löydöksenä on massiivinen aivokasvain. Purskahdamme mieheni kanssa itkuun. Nipsu saa arvokkaan eutanasian. Silitän sen kuihtunutta kehoa. Pussaan vielä kerran koiraani poskelle. Kerron rakastavani häntä valtavasti. Hyvästit kuristavat kurkkuani. Kaksi päivää ensimmäisen kohtauksensa jälkeen koirani on poissa. Tunnen murenevani surusta ja epäoikeudenmukaisuudesta. Itkuni yltyy ulvonnaksi. Tämä menetys tuntuu kohtuuttomalta. Meidän uusi peloton elämä oli vasta alkamassa.

Vietän yön miesystäväni asunnolla. Huudan Nipsua it-kusta hengästyen niin että kurkkuun sattuu. Nukun viik-koja koirani ulkoiluvaatteet mytyssä tyynylläni. En halua kadottaa tuoksumuistoa rakkaasta koirastani. Suru on poh-jaton. Palaan takaisin tyhjään kotiini. Kävelen lumen peit-tämää metsätietä kuunnellen Jarkko Martikaisen "Kiitos kaikesta" -kappaletta kerta toisensa jälkeen ja itken. Täällä minä kannoin Nipsua lämpimässä kantokopassa lenkeilläni. Me olimme erottamattomat.

Viikko eutanasian jälkeen mieheni noutaa uurnan eläin-lääkäriasemalta. Koirani tuhkat mahtuvat xs-kokoiseen tummaan purnukkaan. Metallilaatassa on teksti "Maail-man rakkain Nipsu". Yksiöni seinällä on useita ihastuttavia studiokuvia kymmenvuotiaasta edesmenneestä koirastani. Kävimme paikallisessa valokuvaamossa kuvissa selviydyt-tyämme edellisvuoden väkivallasta.

Henkilökohtainen ohjaaja

Asumiskuntoutuksen jälkeen luonani alkaa käymään ohjaaja kerran viikossa. Hän auttaa erityisesti kaupassa käymisessä, sillä ostosten tekeminen on yhä vaikeaa. Ensimmäisellä kauppareissulla olen niin voimaton, että ohjaajani joutuu kaupan edustalla juottamaan minua. En kykene itse pitelemään proteiinijuomapurkkia. Ohjaaja maadoittaa minut tähän hetkeen keskustelemalla. Se on tärkeä vastapaino juuri käynnistyneelle vaativalle lääkinnälliselle kuntoutukselle, joka kohdallani tarkoittaa kognitiivista traumapsykoterapiaa. Kesän aikana vointini heikkenee. Vatsakivut ovat lamauttavia enkä pysty syömään muuta kuin apteekin ravintojuomia. Painoni tippuu useita kiloja.

Lähestymiskielto

Voin pahoin lähestymiskielto-oikeudenkäyntiä edeltävänä viikonloppuna. Mahdollinen väkivallantekijän kohtaaminen hermostuttaa. Lauantaina havahdun rajuun unihalvaukseen. Nieluni on tunnoton. Näkymätön paino puristaa henkitorvea kasaan patjan sisään painaen. "Mitä minulle tapahtuu?" soperran vieressä nukkuvalle miehelleni. Kohtauksen voima pelästyttää. Kysyn mieheltäni, missä olemme. Hän ottaa minut kainaloonsa ja toteaa levollisesti meidän olevan kotona. Vaikeroin itkuisena, sillä en tiedä missä kotini sijaitsee.

Sunnuntaina makaan yksiöni keittokomeron pyöreällä matolla sikiöasennossa. Mieheni on ostanut Jäätelöautosta mansikkaveneitä. En ole viikkoihin pystynyt pahoinvoinniltani syömään mitään muuta apteekin ravintolitkujen lisäksi. Vasemmalla kyljelläni maaten ohjaan sulaneita jäätelöpaloja suuhun. Osa jäätelöstä notkahtaa matolle voimattoman käden huterassa ohjauksessa. Miten helvetti minä selviän huomisesta? Miksi minun on haettava oikeutta koskemattomuudelleni käräjäoikeuden kautta? Rakas mieheni on tukenani. Astuminen oikeussaliin kuultavaksi puistattaa. Mieheni on huolestunut voinnistani. Hän harkitsee, lähdemmekö hänen luo Ouluun vai viekö hän minut suoraan psykiatriselle osastolle. Tämä yksi maanantai minun on vielä jaksettava pysyä kasassa. Minulla ei ole vaihtoehtoja.

Sunnuntai-iltana otan normaalin kolmensadan milligramman ketiapiiniannoksen lisäksi neljäkymmentä milligrammaa Tenoxia. Oikeudenkäynti siirtyi koronatilanteen vuoksi muutamia kuukausia. Nyt maanantaiaamuna kymmeneltä minun on oltava valmis puolustamaan itseäni. Lievitän ahdistustani Diapamilla ensimmäistä kertaa elämässäni. Se kuvastaa hyvin, kuinka vastenmielisiä Ykän yhteydenotot ovat olleet.

Aamulla mieheni vie minut asianajotoimistolle. Käymme asianajajan kanssa oikeudenkäyntiin liittyviä asioita läpi. Jännitykseni alkaa laukeamaan. Siirrymme oikeustalolle ja keskustelemme matkan ajan saksanpaimenkoirista. Huomaan ettei minua juuri enää jännitä. Odottelemme pääsyä oikeussaliin. Asianajaja kysyy, mikä sai minut hakeutumaan turvakotiin. Tunsin ettei väkivallantekijä pysty hallitsemaan minua. Pelkäsin hänen iskevän seuraavaksi leipäveitsellä.

Istahdan kauniiseen pyöreään oikeussaliin asianajajan oikealle puolelle. Katson tuomaria ja kahta käräjäsihteeriä hymyillen. Kiitos kun autatte minut lopullisesti ulos tästä suhteesta, ajattelen. Syytetty jättää saapumatta oikeuteen. On suuri helpotus, ettei kohtaamisemme toteudu. Asianajaja pohjustaa tapaukseni lyhyesti. Tämän jälkeen on puheenvuoroni. Pystyn kertomaan kaiken sujuvasti ja täsmällisesti. Asianajaja kuulee vielä minua muutaman lisäkysymyksen verran. Oikeudenkäynti on varttitunnissa ohitse. Todistelu on vakuuttavaa ja riittävää sekä tukee kirjallisia todisteita. Lähestymiskielto astuu voimaan vuodeksi. Olen niin helpottunut, että lähes hyppelen ilosta soittaessani miehelleni ilouutisia.

Päiväkirjamerkintöjä kesältä

Kesän aikana kirjoitan tunnelmia päiväkirjaani. Se helpottaa poukkoilevaa oloani. Toipuminen viime vuoden väkivallasta on vasta alussa. Perussairauteni ovat saaneet roihun kokemastani. Oireilen monipuolisesti. Ajatukseni pompahtelevat laidasta laitaan. Pelkään yhä valkoisia farmariautoja. Toisinaan kyykistyn parvekkeen kaiteen taakse, koska en uskalla olla näkyvillä. Pelkään Ykän ampuvan minut kostoksi Jeesuksen tahdolla itselleen perustellen.

12. kesäkuuta

Haurain silmin katson särkynyttä maailmaani. Minut on niin monta kertaa taivutettu karrelle, etten enää kykene muutoksiin. Juuri ja juuri jaksan olla kelvoton itseni. Kelvotonkin kaipaa lepoa! Jokaista lyöntiä ja jokaista alistavaa sanaa kannan mukana kehossani. Raahaan teitä kuin painavia rullattomia matkalaukkuja. Jonakin päivänä hylkään teidät ja annan anteeksi. Silloin olen niin ehjä kuin kaiken jälkeen voin olla.

13. kesäkuuta

Paha olo, viha ja katkeruus vyöryvät taas ylitseni. Jään pimeän peiton alle kuin hyväksyntää kaipaava lapsi. On niin paljon mietittävää. On niin paljon pohdittavaa. Vanhat lauseet kaipaavat uusia, korjaavia loppuja. Sanoivat, siihen menee aikaa. Sanoivat, se vaatii minulta paljon. Se vaatii luultavasti paljon enemmän kuin sieluuni säröjä tehneet. Niille pakottivat korvani auki. Polvillaan maassa anelin loppua. Syyttömästä syyllisen teitte. Häpeän teidän puolestanne.

14. kesäkuuta

Pirskahtelevuuteni on kadoksissa. En löydä siihen syytä. Ahdistaa elää ilman leimuja. Tämäkin olo ruokkii syyllisyyttä. Luultavasti tästä normaalista elämästä tulisi nauttia. Viimeinkin lähestymiskielto-oikeudenkäynti on ohitse ja asiat ovat asettumassa uomiinsa. Otan ensiaskeleitani turvalliseen elämään. Kaikki on niin outoa ja uutta. Minun ei tarvitse paeta tai varoa. Mihin käytän kaiken vapautuneen energiani?

16. kesäkuuta

Kehoni on lamaantunut kaiken paskan ja sadismin jälkeen. Minun täytyy olla rohkea ja antaa kokemalleni nimi. Minun täytyy puhua kokemukseni pois kehostani. Onnettoman pieniä ovat askeleeni. Haluaisin harpata kuin ison ojan ylitse ja jättää kaiken sanomatta. Musta paino rinnassani vaatii muuta.

23. kesäkuuta

Minussa asustaa tämä jyrkkyys, jota maanisdepressiivisyydeksi kutsuvat. Pirskahtelen kuplivassa ilossa, kujerran draivin aalloilla eteen päin. Luovuuteni tuottaa uutta tuosta vaan. Sitten hiivun jälleen kuoreeni. Kartan kontakteja, ahdistun ihmisistä ja puhelinsoitoista. En käy ruokakaupassa. Suljen korvani surulta, koska en jaksa edes omaa sielunelämääni. Riitaannun, sillä en jaksa noudattaa sosiaalisen kanssakäymisen sääntöjä. Syyllisyys raastaa jokaisen vastaamattoman puhelun kohdalla.

Minuuteni on pirstaloitunut. Olen koteloinut eri persoonani omiksi eristetyiksi kuplikseen, jotta olen pystynyt jatkamaan elämääni. Iltaisin ja öisin osa hyljätyistä minuuksistani muistuttavat olemassaolostaan. He lyövät aivoni kierroksille peläten ja hiipien asunnossani. Terapiassa istutamme kaikki pirstaleiset minuuden osat saman pöydän ääreen. Kokoamme heidät yhdeksi kokonaisuudeksi tapahtuneet ja tunteet yhdistäen. Se pelottaa ja hajottaa. Mutta minun on pakko.

25. kesäkuuta

Taas mennään lujaa kyytiä alaspäin. Haluaisin koteloida terapiani kahmaisemat tunnemyrskyt arkielämästäni. Se ei ole mahdollista. Yritän tasapainotella kahden todellisuuden välissä siinä onnistumatta. Turhaannun, sillä voimani ovat loppu. Tekisi mieli jättää lääkkeet pois kokonaan tai sitten ottaa unilääkkeet jo päivällä. Olen niin saatanan raukkamaisen neuvoton! Litiumin teho näytti laboratoriotesteissä laskeneen.

Ehkä minun tulisi muuttaa vielä syvemmälle korpeen. Muut ihmiset ahdistavat minua. Suustani tupsahtelee vain sammakoita. Oikeat sammakot ovat kauniita. Minä en tilannut paskaa menneisyyttäni. Olen kelvoton särjetty paska. Terapeuttini sanoi haavojeni ulottuvan syvälle. En ehkä jaksa enää haavojeni kanssa. Edes vitun jeesusteippi ei ole onnistunut tihkuja tyrehdyttämään. Paska minä!

26. kesäkuuta

Keitä te olette ja miksi saavutte yöhöni? Tulette niin sankoin joukoin kahlaamaan huoneeseeni. Mikä on viestinne? En saa siitä kiinni. Te pelotatte minua. Kuulen paksun mustan puuvillan kahisevan kulkiessanne ympyrää. Piilotatte kasvonne. Pelkään kosketustanne, vaikka en edes tiedä onko teillä käsiä tai jalkoja. Olen pahoillani, mutta en halua ta-

vata teitä enää. Melkein kuin jättäisin hyvästit usein näh-
dylle ystävälle. Minä en jaksa olla vahva vierailunne jälkeen.
Edes lääkkeet eivät turruta minua uneen. Minä kiitän jo-
kaisesta vierailustanne. Tulitte taatusti huomatuksi. Ehkä
ymmärrän vierailunne syyn myöhemmin. Hyvää matkaa!

Kuunliljojen yö

Perusteellisen harkinnan jälkeen päätämme mieheni kanssa hankkia uuden koiran. Noudamme pennun kotiin juhannuksena. Heinäkuussa koiramme ripuloi viikon. Lähetämme kolmelta perättäiseltä päivältä kakkanäytteet Kuopioon laboratorioon. Illalla etsin tietoa mieheni pihalla kasvavista kukkasista. On tulppaaneita, monenlaista kuunliljaa, krookusta, yhteensä viisitoista metriä kauniita kukkaistutuksia! Huolestumme huomatessamme suurimman osan olevan koirille vaarallisia.

Koiranpentumme nukkuu sisällä. Päätämme yhdeltä yöllä alkaa poistamaan istutukset. Olen jo ennättänyt ottaa vahvan annoksen unilääkkeitä. Yritän tarmokkaasti kaivaa kasveja juurineen ja sipuleineen irti mullasta. Liikkeeni ovat lääkkeiden vaikutuksesta tahmeita. Sääli kaataa jopa metrin korkuiset kauniin valkoiset kuunliljat. Tärkeintä on kuitenkin koiramme hyvinvointi. Kukkaistutusten poistamisen jälkeen Tauno saa huoletta juosta pienellä aidatulla pihallamme.

Mieheni rullaa taloyhtiön kompostilaatikon pihallemme. Laatikko täyttyy hetkessä. Mieheni käy vaihtamassa laatikon kuudensadan litran roskalaatikkoon. Pian sekin on täynnä. Säilömme loput hävitettävät kukkaset jätesäkeissä ulkovarastoomme. Emme voi täyttää kaikkia taloyhtiön roskalaatikoita. Aina jäteauton vierailtua käymme tyhjentämässä pienen erän roskiin.

Kello käy jo kolmea. Olemme väsyneitä. Unilääke tekee päästäni sumuisen. Kukkien ja kukkasipuleiden poistaminen on tehtävä loppuun ennen pennun heräämistä.

Käymme kukkapenkit läpi kolmeen kertaan. Jokaisella kerralla mullasta löytyy valtavat määrät myrkyllisiä sipuleita sekä pikku kiviä. Jokainen irtolehtikin on poistettava, jottei pentumme saa myrkytystä. Naapurin ulko-ovi aukeaa. Pienessä hiprakassa naapurit toivottavat meidät tervetulleeksi hoitamaan heidän pihaa oman pihaurakkamme ollessa valmis.

Pari päivää myöhemmin saamme ulostenäytteen tulokset Kuopiosta. Koiramme on täysin terve. Myös ripulointi on loppunut kukkien poistamisen jälkeen. Suuri työmme ei mennyt hukkaan. Piha näyttää karulta, mutta sillä ei ole mitään väliä. Ostamme neljä säkkiä multaa ja tasaamme kukkapenkit. Uusi nurmi orastaa jo muutamassa päivässä.

Syksy suljetulla osastolla

Syyskuu taittuu kohti lokakuuta. Olen ollut viikon suljetulla osastolla. Onervakin lepäsi mielisairaalassa, jotta Leevi sai rauhassa säveltää sinfonioitaan. Nyt täällä lepäämme me, yhteiskunnan vaatimuksista ja elämän rikkonaisuudesta ahdistuneet. On normaalia reagoida pirstaloituneeseen maailmaan sairastumalla. Evoluutio ei ole valjastanut aivojamme kestämään kaupungin kiirettä ja stressiä.

Olen kohdannut särkyneitä silmiä ja väsyneitä katseita, joista sininen on lähes haalistunut. Sielua tuudittavat lääkkeet pullistavat pupillit ponteviksi. Pupillin ympärillä iiris näyttäytyy jäisen kuukraatterin tavoin. Hoitajat ja lääkärit valmistelevat sopivaa hetkeä ottaa minuus vastaan. Kohtaamisessa tulee olla riittävän vahva, jotta sielu ei kaadu. On oltava riittävän herkkä, jotta havainnoi yksityiskohdat. On oltava johdonmukainen, jotta osaa kertoa sairastumiskaarensa. Tämä on vaativin osuus, sillä onnistunut hoitokokonaisuus on kiinni oman tilanteensa läpivalaisevasta kuvaamisesta. Lisäksi on oltava vastaanottavainen, jotta hoidon vaatima vuorovaikutus toteutuu. On oltava perillä omasta lääkityksestä, jotta lääkejaot menevät oikein ja oikea-aikaisesti.

Vietän useamman päivän hullujen logistiikkakeskuksessa. Tämä on henkilökohtainen ilmaisuni osastolle, jonne päädytään psykiatrisen päivystyksen arvion kautta. Logistiikkakeskuksessa odotetaan asiakaspaikan vapautumista itselle sopivalta osastolta. Asetun osastolle ja tutustun huoneessani hoitajaani. Kerron hänelle pelkotiloistani ja sitä edeltäneestä parisuhteesta, turvakodista ja oikeudenkäynnistä.

Muistot osastosta ovat pääasiassa mukavia. Erityisesti mieleen on jäänyt eräs rauhallinen päivällishetki ruokasalissa. Hannu Björkmanin näköinen potilas istuutuu syömään vastapäätä. Hän ojentaa minulle huolellisesti taitetun paperiarkin. Kiitän paperista sitä kuitenkaan avaamatta. Syömme rauhassa keittomme loppuun. Ruokailun päätteeksi ojennan paperin miehelle takaisin. Hän tiedustelee, onko kyseessä avioerohakemus. Hymyillen pudistan päätäni. Totean, ettei ole mitään hätää. Nousen pöydästä ja lähden takaisin huoneeseeni. Käytävää pitkin kävelee mies, jonka etumuksen ja polvien väli on kastunut. Tässä henkisessä tilassa on erävoitto muistaa pissahädässä mennä vessaan, vaikka housut jäisikin toimituksen ajaksi jalkaan.

Litiummyrkytys ja rajut pelkotilat saivat psyykeeni keikahtamaan vuosi sitten. Nyt osastolla otetuissa laboratoriotesteissä ilmenee litiummyrkytys toistamiseen. Se ei tule minulle yllätyksenä. Litolääkitystä nostettiin kolmellasadalla milligrammalla viitisen viikkoa sitten. Aluksi se tasasi synkkiä ajatuksia ja kiihtyneisyyttä. Parin viikon jälkeen säätely tunteiden ja tekojen välillä katosi lähes täysin. Mieheni ei uskaltanut enää olla asioista eri mieltä kanssani. Saatoin tulistua rumia asioita ladellen. Olin kiihtynyt, äkäinen, välttelin sosiaalista kanssakäymistä ja vietin päivät koirien kanssa luonnossa vaellellen. Poimin puolukoita talven varalle luonnon tuoksuista ja hiljaisuudesta nauttien. Se oli ainut asia, mikä tuotti mielihyvää.

Mikään unimäärä ei taittanut suunnatonta väsymystäni. Heräsin joka aamu tokkurassa, jota ei sulattanut edes kahvi. Pienet vastoinkäymiset alkoivat saada valtavia mittakaavoja. Heitin pari kuukautta aiemmin ostamani kihlasormuksen varvikkoon hölmöyttäni. Etsin sitä useita päiviä. Tunsin, kuinka luonani hoidossa olleen suuren mustan koiran silmät olivat nauliintuneet selkääni minun kyykkiessäni mättäiden välissä. Koira oli paljon viisaampi kuin minä. Sen harkintakyky oli valtameren kokoinen verrattuna omaan pisaraani.

Minulla oli niin paha olla, että olin valmis ampumaan itseni Kierikin kanavan varteen. Tunne-elämäni oli täysin latistunut. Toisaalta paha olo kaappasi minut mustaan raskaaseen samettiin. Litiummyrkytyksen myötä hallusinoin raajani eri mittaisiksi. Minua etoi. Tienylityksen vaiheet mietin tarkasti ennen kadun toiselle puolelle siirtymistä. Raajat alkoivat tuntua kohtuuttoman painavilta. Liikkuminen vaati ponnisteluja. Tasapaino horjahti pienestäkin liikkeestä. En tiennyt enää, kuinka tulla sängystä pois aamuisin. Hallusinoin sängyn vieressä olevan maton kohoavan sängyn korkeudelle. Tulisiko minun siirtyä sen päälle?

Viiden logistiikkakeskuksessa vietetyn päivän jälkeen pääsen tutulle särkyneiden sydänten osastolle. Ensimmäinen tapaaminen osaston uuden lääkärin kanssa päättyy lyhyeen. Nousen kesken neuvottelun ja poistun huoneesta paiskaten oven kaksin käsin kiinni. Kurkkuani ahdistaa, enkä saa henkeä. Lääkärin tykittävä kysymystulva saa voimaan pahoin. Koen itseni nurkkaan ajetuksi eläimeksi, jonka puolustusmahdollisuudet ovat heikot. Itkien harpon omaan huoneeseeni ja pakkaan omaisuuteni reppuun. Olen valmis lähtemään helvettiin koko osastolta. Viisi minuuttia myöhemmin laitan tavarat takaisin kaappiin. Pako ei voi olla ratkaisukeino. Minun on kohdattava huono vointini ja sitä seuranneet haasteet.

En suostu enää syömään litiumia, vaikka minua siihen kannustetaankin. Mielestäni yli kahden vuoden pitoisuustasapainottelun ja lukuisten verikokeiden myötä minulle sopiva annos olisi pitänyt jo löytyä. Litiummyrkytykset eivät kuulu normaaliin sairaudenhoitoon. Ne voivat olla kohtalokkaita toksisuuden sekä psyykeen romahtamisen vuoksi. Lisäksi litium ennätti aiheuttaa kilpirauhasen vajaatoiminnan, jota nyt lääkitään tyroksiinilla.

Uutta lääkityskokeilua on takana muutamia päiviä. Kokeilu ontuu, sillä lääkepitoisuutta on lisätty ja jaettu osiin otettavaksi eri kellonaikoina. Juuri ennen ensimmäistä kotiharjoitustani lääkehoitaja tekee virheen. Hän antaa minulle tasaavan lääkkeen sijasta unilääkettä neljäsataa milligrammaa. Kyseenalaistan useamman kerran annostelijan pohjalla olevat lääkkeet. Ne eivät ole tutunnäköisiä. Hoitaja vakuuttaa lääkkeiden oikeellisuuden. Hän pyörtää puheeni useamman kerran väittäen lääkkeet oikeiksi. Mitä muutakaan voin enää tehdä kuin uskoa ja nielaista lääkkeet. Tämän jälkeen hoitaja toteaa antaneensa väärät lääkkeet.

Menemme kansliaan selvittämään asiaa. Hoitaja puolustelee itseään inhimillisellä erehdyksellä vähätellen kokemaani. Toinen hoitaja toteaa väärien lääkkeiden tuntuvan potilaasta epämiellyttävältä. Lääkehoitaja alkaa selvittämään pitääkö minua oksettaa tai antaa lääkehiiltä. Pitkän pohdinnan jälkeen päädymme lääkärin kanssa ratkaisuun, jossa verenpainettani mitataan illalla muutamia kertoja. Yökkö tarkistaa vointini tulevana yönä tiheämmin kuin normaalisti. Iltalääke jätetään kokonaan pois.

Seuraavana päivänä oloni käy sietämättömäksi. Ahdistus ja sisäinen kiihtymys valtaa kehoni. Ihoni alla kupruilee kuin kuohkean kivennäisveden kaato pitkään kapeaan lasiin. Hoitaja soittaa päivystävälle lääkärille. Saan lisäannoksen kahta lääkettä, jotta tuskainen olotila rauhoittuisi. Harmittaa eilinen lääkehoitajan moka. Olotila onnistuneelle kotilomalle ei ole paras mahdollinen.

Vietän eka yön poissa sairaalasta seitsemääntoista päivään. Mieheni hakee minut lounaan jälkeen. Menemme keskustaan rauhassa kahville. On ihana herkutella ja jutella rakkaani kanssa. Lähdemme urheiluvälineliikkeeseen katsomaan säähän sopivia kenkiä. Teemme hyvät löydöt. Toisesta kaupasta haemme pohjalliset uusille kengillemme. Päätän löytää vielä sopivat arkihousut, sillä miltei kaikki housuni ovat haaroista rispaantuneet. Kuleksimme vaatekaupoissa. Ahdistukseni suurenee valtavan saippuakuplan tavoin. Tunnen itseni köyhäksi kaikkien tyylikkäiden naisten seassa. Hävettää mieheni puolesta. Sama häpeä tahrii minut hoitajia tai lääkäreitä jututtaessani. Olen aivan varma, että he säälivät miestäni rumuuteni vuoksi. Kaupassa oloni käy sietämättömäksi. Kiirehdin ihmisten ohi ja lomitse. Haluan autoon pois katseilta.

Ilta kuluu Tauno-koiraa rapsutellessa. Mieheni noutaa ruokaa intialaisesta ravintolasta. Saunomme ja nukahdan ennen kymmentä, kiitos lääkkeiden. Nukun viisitoista tuntia. Aamukahvi maistuu hyvälle. Minulla on tapana juoda se meikkauksen lomassa. Pelkkä laittautuminen ulkomaailmaan sopivaksi nujertaa. Ahdistaa helvetisti. Tipahdan. Pyydän miestäni kuskaamaan minut kaksi tuntia etuajassa takaisin suljetulle osastolle. Tunnen epäonnistuneeni. En kykene ulkoiluttamaan koiraamme kertaakaan. En kykene ostamaan valjaita koirallemme. Mihin minä kykenen? Kykenen saunomaan. Päätämme perua marraskuiset häämme, sillä tarkistin Kelan sivuilta etuuksieni pienentyvän merkittävästi avioitumisen seurauksena. Meillä ei ole yhteistä kotia. En pärjäisi taloudellisesti senkään vertaa kuin nykyisin.

Osastolle palattuani en puhu kenellekään. Sieluni on niin täysi ajatuksista. Tarvitsen omaa aikaa tasaantumiseen. Miten ihmeessä minä jaksan uuden huomisen? Olotila käy sietämättömäksi. Saan illalla taas normaaliannoksen lääkkeitä. Pitoisuus veressä on kuitenkin korkeampi kuin normaalisti. Päivystävä lääkäri tapaa minut, sillä poskeni ja kurkkuni ovat turtana. Pystyn kuitenkin nielemään ja puhumaan, joten hätää ei ole. Seuraavana aamuna en kykene heräämään aamiaiselle voimakkaan lääkityksen vuoksi. Seuraavatkin aamut käynnistyvät tahmeasti. Lääkitystä nostetaan ja lääkkeenottoaikoja muutellaan. Kaikki on sekavaa.

Tulevat yöt ovat painajaisten tahraamia. Eräänä yönä makaan selälläni. Tunnen, kuinka henkitorveani painetaan kaksin käsin patjan sisuksiin. Avunpyyntöni jää korisemaan kurkkuun. Silmät avatessani huomaan sivupersoonani Keijon istuvan rintakehäni päällä. Hänen sinisiin farkkuihin verhotut jalkansa ovat pönkänneet leukani koholle. Kylmät kädet kuristavat kurkkuani varmalla otteella. Pinnistän voimani ja huudan apua niin kovaa kuin mahdollista. Huonekaverini herää. Istun sängylläni syvään huokaillen ja niiskuttaen. Menen kertomaan yöhoitajalle unihalvauksesta ja Keken tekosista. Soperran, pitääkö minun nyt alkaa pelkäämään sivupersooniani öisin.

Keijo on hieman yli kolmikymppinen tumma pitkänhuiskea kaveri. Juuri sellainen Tokmanni-tyyppi, joka sinisiin alefarkkuihin ja tummansiniseen tuulitakkiin verhoutuneena ostaa tee-se-itse- tarvikkeita sen kummemmin numeroa itsestään tehden. Keijo on hiljainen ja rauhallinen. Luulin häntä aiemmin realistiksi, mutta pinnan alla lienee paljon pahaa mieltä. Keijo syntyi ollessani noin kolmikymppinen. Tulin suhteessa petetyksi ja jätetyksi useita kertoja.

Silloisella kumppanillani oli seksiriippuvuus sekä peliriippuvuus. Hän saattoi pelata vuokrarahat jo palkkapäivänä. Tajuan Keijon ottaneen kannettavakseen kaiken pettämisen ja naisellisuuden mitätöimisen taakan. Toisinaan haluaisin pukea ylleni ne pienet viikset, jotka Kekelläkin on.

Dissosiaatiohäiriön vuoksi minulla on lähes tusina sivupersoonia. Nykyisin eniten ruutuaikaa saa Keke. Viisivuotias mykkä Aurora pelkää öisin. Toisinaan yritän istuttaa sivupersoonani vanhan pirtin suuren pöydän ääreen. Pellavatukkainen Aurora istuu puisella tuolilla varpaita ilmassa heiluttaen. Hänen lyhyet jalkansa eivät yllä lattiaan. Aurora katsoo aikuisia sisariaan siniset silmät lautasina. Osa porukasta jää ramppaamaan maatalon kuistille koskaan sisään astumatta. Opetan vanhempia sivupersoonia pitämään pienemmistä huolta. Heidän kokemuksensa lohduttaa lapsen hauraita hahmoja.

Ensimmäistä kertaa dissosiaatiohäiriö huomioidaan myös osaston lääkärin B-lausunnossa: "Vointi ollut kesästä alkaen huono. Vaikeuksia lähteä kauppaan ja huolehtia syömisistä. Voimakasta ahdistuneisuutta, pelkotiloja kotona ollessa. Itsetuhoisia ajatuksia ilmaantunut. Mieliala ärtynyt ja kiukkuinen, eristäytynyt kotiinsa. Potilas on hakeutunut psykiatrian päivystykseen ja ollut osastohoidossa viisi viikkoa. Osastojakson aikana Lito-lääkitys lopetettu ja tilalle ketiapiini mielialaa tasaamaan. Potilas kertonut osastolla, että hänellä on 10-11 sivupersoonaa, joilla kolmella nimi. Tämä sopinut dissosiatiiviseen oireiluun…"

Kotiutuminen sairaalasta

Kotiudun sairaalasta lokakuun lopussa. Tuntuu ihanalta olla omassa kodissa, vaikka öiset pelkotilat ovat yhä vallitsevia. En uskalla sammuttaa valoja. Ostamani leveä parvisänky lievittää hieman pelkojani. Olen korkealla ikään kuin niskan päällä, mikäli joku tunkeutuisi asuntooni. Ylhäällä on oma suloinen majani, jonne kömmin turvaan yöksi. Satsasin uuteen lämpöiseen peittoon, muotoiltuun tyynyyn sekä vuodevaatteisiin. Saksanpaimenkoiramme Taunon läsnäolo lievittää öisiä kauhunhetkiä. Mikäli huudan yöllä painajaisuniani, Tauno kajauttaa välittömästi pari haukkua maadoittaen minut takaisin tähän hetkeen. Yöt ovat rauhallisempia, kun iso koiramme ei pääse viereeni.

Lääkemuutos on saanut tunteiden hienosäädöt ja yksityiskohdat palaamaan. Litium latisti mieltäni ja kokemuksiani. Ketiapiini tasaa oloani pitkin päivää. Se sallii kukertavan ilon ja lamauttavan surun saapua. Toipumiseni kaksisuuntaisen mielialahäiriön sekamuotoisesta jaksosta on hyvällä alulla. Vuosien padot rikkoutuvat ja tukahdutetut tunnetilat virtaavat huuhtoen sakkaa pois sielustani. Välillä säikähdän tunteiden voimaa. Pitkästä aikaa perhoset pörräävät vatsassa ajatellessani ihanaa, rakasta miestäni. Viimein jaksan tehdä muistutuksen sairaanhoitopiirille väärän lääkkeen antamisesta. Kuukausia myöhemmin saan kahden lääkärin sekä hoitajan vastauksen muistutukseen. Inhimillinen erehdys.

Teemme Tauno-saksanpaimenkoiran kanssa pitkiä kävelylenkkejä lähiluontoon. Halajärvi avautuu kauniina syksyisessä asussaan. Koivut kumartavat vänkkäräiset runkonsa kohti järven pohjaa. Syömme eväitä grillikodassa. Kahvin tuoksu on huumaava. Olen niin onnellinen näistä hetkistä. Luonnossa liikkuminen on parasta mitä tiedän. Nykyisen kotini sijainti on loistava. Erämaa alkaa miltei portailta.

Minireissu Kokkolaan

Marraskuussa teen yksin parin yön minireissun entiseen kotikaupunkiini Kokkolaan. Olen sopinut ajan rastojen teetättämiseen paikallisen takkutaiteilijan kanssa. Junan ollessa melkein perillä kampaaja viestittää sairastuneensa. Pettymys on suuri. Toisaalta minulle vapautuu aikaa kuljeskella ihanassa entisessä kotikaupungissani.

Yövyn näpsäkässä Airbnb-yksiössä keskustan torin tuntumassa. Ensimmäisenä iltana teen kävelykierroksen ympäri kaupunkia. Ennätin asua parin vuoden aikana kolmessa eri asunnossa. Seison pimeässä illassa katulamppujen alla tuijottaen erään entisen kotini ikkunoita. Muistan kaikki ihanat hetket, jolloin vanhempani tulivat poikani ja minun luo kylään. Tästäkin kodista jouduimme lähtemään pakoon, sillä kotiimme yritettiin tunkeutua. Emme uskaltaneet enää käydä edes häkkivarastollamme tai pyykkituvalla.

Hento myötätunto itseäni kohtaan lämmittää koleassa säässä. Täällä olin ensimmäistä kertaa suljetulla osastolla, nälkiintymisen vuoksi. Olin hajotettu brutaalilla väkivallalla ja ajelehdin ilman diagnoosia. Kävin töissä ja opiskelin iltalukiossa. Hoidin pientä poikaani. Olen pahoillani elämämme pirstaleisuudesta. Välillä on ollut pakko muuttaa nopealla aikataululla pysyäksemme turvassa. Pojastani on kaikesta huolimatta tullut fiksu ja komea mies. Nyt kaksikymmentä vuotta myöhemmin jätän asunnoille haikeita hyvästejä pala kurkussa.

Varaan ajan paikalliselle kampaajalle. Olen sittenkin tyytyväinen, etten laittanut rastoja. Tumma kleopatrakampaukseni saa uutta väriä sekä saksittua särmää. Kiertelen ihanan historiallisen Neristanin katuja. Vanhat suuret puutalot huokuvat pysähtyneisyyden rauhaa. Pujahdan kirpputoreille tekemään löytöjä. Haluaisin käydä nimikkoravintolassani syömässä, mutta juuri nyt en kykene menemään yksin.

Palatessani majapaikkaani haen pitsan kotipakettiin. Juon parvekkeella kupposen teetä. Ilta hämärtyy ja pelkoni saapuvat. Ne eivät ole paikkasidonnaisia. Pesulle mennessäni lukitsen vessan oven ja jätän suihkuverhon raolleen. Otan iltalääkkeet. Siirrän verhot sivuun ja avaan sälekaihtimet. Sammutan valot. Asetun sänkyyn selälleni. Kurkistan muutamia kertoja vastapäisiä kerrostaloja. Pelkään pahan hyökkäävän pimeästä. Parin tunnin jähmettyminen rentoutuu viimein muutaman tunnin yöuniin. Enempään en kykene.

Jouluna palaamme mieheni ja koirani kanssa Kokkolaan viettämään jouluaaton jälkeisiä pyhiä. Yövymme paikallisessa hotellissa. Ensimmäisenä yönä saan takaumia kahdenkymmenen vuoden takaisista tapahtumista. Makaan hotellihuoneen lattialla sikiöasennossa ja itken. Koiramme tönii minua kuonolla, kunnes asettuu muhkeaan hotellivuoteeseen mieheni viereen nukkumaan.

Ateriapalvelu

Kevättalvella vointini huononee enkä jaksa huolehtia enää syömisestä. Aterioiden suunnitteleminen ja ruokakaupassa käyminen ahdistaa. Tiedustelen ohjaajaltani, olisiko minun mahdollista päästä ateriapalvelun piiriin. Tällöin rahapulani ei estäisi säännöllistä syömistä. Lisäksi söisin joka päivä ainakin yhden lämpimän aterian. Mielenterveyspotilaana on ensiarvoisen tärkeää huolehtia riittävästä levosta sekä riittävästä ravinnosta jo pelkästään lääkkeiden tasaisen imeytymisen kannalta.

Viimein kuukauden selvittelyn jälkeen ateriapalvelu alkaa tuomaan kolmesti viikossa kasvisaterian, salaatin sekä jälkiruoan kuistilleni. Kylmälaukussa on useamman päivän ateria ja voin lämmittää niitä omaan tahtiini. Palvelun kulut koostetaan kuukausittain. Eläkepäivänä maksan kuukauden ateriat kerralla. Aluksi palvelu takkuilee useamman viikon. Toisinaan keittiön emäntä kurvaa omalla henkilöautollaan kotiovelleni korvaamaan väärin toimitetun aterian. Viimein kaikki sujuu toivotusti ja hyödyn palvelusta.

Häät

Päätämme järjestää rakkaani kanssa marraskuulta peruuntuneet häät. Avioidun neljännen ja viimeisen kerran. Tämä liitto on syntynyt kahden aikuisen kohdatessa psykiatrisen sairaalan suljetulla osastolla. Ei ole vaatimuksia eikä ole pakkoja. Kaikki perustuu vapaaehtoiseen kanssakäymiseen. Keski-ikäisenä koen olevani pesänrakennuspuuhista ja perheenperustamisista vapaa. Leskimieheni hyväksyy minut juuri tällaisena keskeneräisenä kuin olen. Mieheni ostaa käyttööni auton ja toteaa, että nyt voin muuttaa niin kauas korpeen kuin ikinä haluan. Aiemmassa suhteessani minuuteni tukahdutettiin.

Vietämme helmikuussa pienet koronahäät Oulussa. Vihkiminen tapahtuu Digi- ja väestötietovirastossa. Koronarajoitusten vuoksi mieheni veli sekä ystävättäreni Ursula joutuvat jäämään vihkimistilaisuuden ulkopuolelle. Paikalla ovat meidän lisäksemme äitimme, poikani ja valokuvaaja. Minua jännittää, kuinka onnistun pitämään vihkimisseremonian ajan liukkaan hartiahuivin harteillani, kukkakimpun kädessäni ja vielä pujottamaan sormuksen mieheni nimettömään. Kaikki sujuu jännityksestä huolimatta hyvin. Koronan vuoksi suojavisiiriin sonnustautunut vihkijä onnittelee tuoretta avioparia.

Siirrymme juhlistamaan avioitumista historialliseen Hotelli De Gamlas Hemiin. Helmikuun pureva pakkanen nuolee viileydellään nylonsukkahousuihin verhoiltuja sääriäni. Muotokuvausten ja ryhmäkuvausten jälkeen nautimme juhla-aterian De Gamlas Hemin Charlotta Rivaldi -salissa. Pieni kaiutin toistaa aiheeseen sopivaa musiikkia

You Tubesta. Sen kummempaa ohjelmaa ei ole. Halusimme yksinkertaisesti viettää pienen hetken läheistemme kanssa herkullisesta ruoasta ja täytekakkukahvista nauttien.

En koe aiempia avioliittoja epäonnistumisina. Ne ovat osa elämääni. Ensimmäisessä vihkimisessä minulla jäi morsiuskimppu valokuvaamoon. Kävimme noutamassa kimpun ja lähdimme ajamaan Oikeustalolle. Kaaso täräytti auton risteyksessä seuraavana olevan auton perään. Autot säilyivät eheinä, joten pääsimme jatkamaan matkaa. Vihkipaikalla odottelimme vihkijää puoli tuntia, kunnes yksi vieraista lähti selvittämään asiaa. Jostakin syystä merkintää vihkimisestä ei kalenterista löytynyt. Notaari kysyi kaksi kertaa toiselta "Tahdotko?" Parikymmenpäinen hääseurue raikui naurusta toimituksen ajan. Se hämmensi naisvihkijää entisestään. Lisäksi hääkakun päälle oli kirjoitettu väärä miehennimi. Olisi pitänyt näistä ennusmerkeistä tajuta, ettei tälle liitolle ollut tulevaisuutta tarkoitettu.

Toisen kerran avioituessani otin Tukholman serkun sekä hänen parimetrisen miehensä vanhan Mazdani kyytiin. Suuntasimme Kainuuseen vihkiäisharjoituksiin. Oli kuuma kesäpäivä. Autostani rikkoutui ensin tuuletin ja sitten valot. Puolangalla mäen päällä moottori sammui. Sain vieritettyä auton läheiselle kylmäasemalle. Sattumoisin ystäväni mies oli tankilla. Auttamaan pysähtyi muitakin miehiä. Konepellin avattuaan he kysyivät mikä moottorin päällä lepäävä puolitoista metrinen putki oli. Kohautin olkapäitäni. Minulla ei ollut aavistustakaan tästä irto-osasta. Siirsimme vihkiharjoitusta muutamalla tunnilla. Pappi sanoi ennättävänsä käydä kalasopalla. Kolmannen kerran naimisiinmentäni toisen todistajan auto hajosi matkalla Maistraattiin. Tämän vuoksi valokuvaaja toimi myös toisena todistajana.

Kolmas jakso suljetulla osastolla

Maaliskuussa muutan kaupunkiyksiöön, sillä haluan nähdä miestäni useammin. Vuokraan vastavalmistuneen asunnon äitini läheltä. Teen kävelylenkkejä kauniiseen jokirantaan. On jälleen otettava uusi tila haltuun pelkoineen. Toukokuun ensimmäisenä perjantaina mieheni kuskaa minut psykiatriselle osastolle, sillä yöuneni ovat olleet kaupunkiin muuton jälkeen kehnoja. Kahden kuukauden unettomuus on tehnyt minusta itsetuhoisen.

Istun saksanpaimenkoiramme vieressä auton kaartaessa sairaalan ylvään sisäänkäynnin eteen. Silitän koiramme kaunisnaamioista päätä. Ihastun jälleen kerran sen iloiseen ilmeeseen sekä uteliaaseen elehdintään. Parkkipaikalla poistan teippiharjalla koirankarvat mustasta maksimekostani. Nousen portaat ja astun sairaalan suuresta puuovesta sisään. Hoitaja Timo tekee alkuhaastattelun lähinnä yhteystietojani ja lääkitystäni tarkistaen. Tämä on kolmas jaksoni samaisella suljetulla osastolla puolentoista vuoden sisällä. Aiemmat jaksot ovat kestäneet viisi viikkoa kerrallaan. Nyt lääkityksen vaihdossa kolmekin viikkoa voi olla riittävä aika.

Kävelen perimmäiseen potilashuoneeseen ja asettelen vaatteeni säntillisesti hyllyille. Todellisuudessa olen niin uupunut, etten meinannut jaksaa reppu selässä nousta kiviportaita kolmanteen kerrokseen. Pohdin, pitäisikö vaatekasat töniä sotkuisesti kumoon. Ehkä säntillisyyteni nähtyään hoitajat olettavat minun voivan todellisuutta paremmin. Toisinaan kärsin täsmällisyydestäni. Sinnittelen viimeiseen saakka.

Olen ollut osastolla kuusi tuntia. Aamulla osallistun tutun sairaalapastorin vetämään hiljaisuuden hetkeen. Laulamme lopuksi Ystävä sä lapsien -virren. Pidättelen itkua. Olen viimein päässyt osastolle lepäämään, eikä minun enää tarvitse ponnistella. Päivää ennen sairaalaan kirjautumista lopetin henkilökohtaisen Instagram-tilini. Minulla on morkkis kaikista niistä pahanolonpurkauksista, jotka Instatililleni oksensin. Sain myös kiitosta avoimuudestani mielenterveysasioiden suhteen. Ymmärrän silti, kuinka raskasta on ollut lukea sitä kyynistä paskaa.

Lounaan jälkeen otan päiväunet, jotta jaksan tulevan lääkärineuvottelun. Vaalea Tiihosen Jaren näköinen lääkäri etenee rauhallisesti vointiani tiedustellen. Kerron kolme päivää aiemmasta lääkäritapaamisesta mielenterveystoimistolla. Lääkärini teki lähetteen osastolle. Kaksisuuntainen mielialahäiriöni on ontunut ja polveillut nopeasyklisesti sekamuotoisena viime syksystä alkaen. Tämän vuoksi olen fyysisestikin voimaton. Osaston lääkäri ehdottaa lääkemuutosta, jossa viime syksynä toistuvan myrkytyksen vuoksi lopetettu litium korvataan valproaatilla. Ketiapiinin määrää pienennetään neljälläsadalla milligrammalla. Muutokset tehdään hallitusti sairaalassa.

Lääkäritapaamisen jälkeen tilaan mieheltäni sähkötupakan. Osastolla olisi ihana pujahtaa ulos puhaltelemaan hedelmäntuoksuisia kiehkuroita. Samalla soimaan itseäni, kuinka tämäkin nautinto pitäisi jättää tekemättä. Illalla selailen muutaman kuukauden ajan pitämääni aamusivuvihkoani. Minulla oli tapana herättyäni kirjoittaa kolme sivullista tajunnanvirtaa. Usein mieheni toi aamukahvin sänkyyn. Kuinka kultainen ihminen hän onkaan! Viimeinen lause vihossa on: "Tästä viikosta teen hyvän ja ihanan." Perään olen piirtänyt yhdeksän pikkuruista sydäntä.

Ensimmäisenä yönä nukun kymmenen tuntia. Herään

sairaalassa joka aamu automaattisesti seitsemältä ottamaan kilpirauhasen vajaatoiminnan lääkkeet. Tyroksiinin jälkeen on oltava puoli tuntia syömättä ja juomatta. Aamiainen nautitaan puoli kahdeksalta. Yritän syödä monipuolisesti. Minulla on lievää pahoinvointia, eikä edes appelsiinimehu tai kahvi maistu. Kotona syön joka aamu kaurapuuroa. Puolitoista vuotta sitten samaisella osastolla näin vahingossa väläyksen televisiosarjasta Tohtori Paise. Sen jälkeen sairaalan puurot ovat muistuttaneet paiseesta valuvaa harmaata mönjää, enkä edes hyvällä tahdolla pysty niitä syömään.

Mieheni tulee vierailulle. Käymme kävelyllä kaupalla. Hän ostaa minulle ihanantuoksuisia pesuaineita. Ne tuovat hyvää mieltä. Mieheni toi myös mukanaan hienon uuden sähkötupakan. Hän on hyväsydäminen ja kannustava. Hänen rakkautensa määrä minua ja Taunoa kohtaan on liikuttavaa.

Olen ollut vuorokauden osastohoidossa. Olen osallistunut eri ryhmiin, tavannut lääkärini, lukenut kolme aikakauslehteä ja yhden kirjan, soittanut sähköpianolla läpi Suuri Toivelaulukirjan sekä valokuvannut upeat sairaalarakennukset ulkoa. En kerta kaikkiaan osaa pysähtyä edes sairaalassa. Mieleeni tulee reilun vuoden takainen viiden viikon jakso samaisella osastolla. Olin lopussa niin henkisesti kuin fyysisestikin. Ahdistuin osaston liinavaatevaraston sekasorrosta. Viikkasin potilailta jääneitä, osaston nimiin laputettuja vaatteita vaatelajeittain, koottain ja väreittäin siisteihin pinoihin. Seuraavana päivänä hoitajat yllättyivät vaatevaraston siisteydestä. En koskaan paljastanut heille urakkaani. Minun heikkouteni ja vahvuuteni on epäjärjestyksen heikko sietäminen.

Äitienpäivänä ryystän aamiaisella pari hörppyä kahvia ja kaadan loput viemäriin. Ruokakaan ei maistu. Hypin sairaalan rappuset alas. Upouusi sähkötupakka kimaltelee aamuauringon säteistä. Lohikäärmehedelmäntuoksu leijailee ilmassa vesihöyryä puhaltaessani. Maleksin ympäri sairaala-aluetta. Parin asteen toukokuinen kirpeys kipristelee poskiani. Sinisissä lakanoissa levännyt sieluni kylpee lintujen aamusirkutuksessa. Valtavat kuuset kohoavat yli kolmikerroksisen sairaalan. Rakennukset seisovat vakaina ja vantterina kauniin puiston ympäröimänä. Tämän saman tunteen olen kokenut Pietarin kesäpuistossa.

Iltapäivällä teemme mieheni kanssa yllätysvierailun äidin luo. Viemme mukanamme kolme kaunista ruusua sekä onnittelukortin. Äiti purskahtaa kyyneliin nähdessään meidät. Hänen elämänsä muuttui valtavasti isän jouduttua hoivakotiin muistisairauden vuoksi. Jokainen vierailu tai soitto ilahduttaa äitiä.

Valproaattiannos nostetaan grammaan ja ketiapiini tiputetaan kolmasosaan. Pari tuntia lääkkeenoton jälkeen tunnen lievää pahoinvointia. Olen sietänyt lääkekokeilua hyvin. Toimeliaisuuteni kohoaa ja seuraavana päivänä olen hyvin väsynyt. Usein mietin, mikä tarkoitus sairaudellani on. Miksi se välillä tekee elämästäni helvetillistä ja itsetuhoista? Opinko koskaan täysin sen luonnetta? Kerta toisensa jälkeen bipolaarisuus yllättää ja vetää maton altani.

Pahimmalta tuntuu ulkopuolisten ymmärtämättömyys. Taidan olla spontaanin ja harkitsemattoman ihmisen maineessa. En kykene hallitsemaan kaksisuuntaisuutta tahdonvoimalla. Kärsin sairaudestani niin henkisesti kuin fyysisestikin. Ajoittain sydän tuntuu olevan niin lopussa, että voin melkein kuulla verenkohinan sydänlihaksen yrittäessä parhaimpansa mukaan pumpata happea kehooni.

Tarvitsen välillä taukoa elämästäni. Sairaalassa minun ei

tarvitse pinnistellä. Nukkumisen ja syömisen säännöllisyys palautuvat hiljalleen. Se on kaiken elämän perusta ja pohja. Koko elonkaareni tuntuu välillä loputtomalta tragedialta. Silti koen eläneeni onnellisen ja tapahtumarikkaan elämän.

Istahdan sairaalan keskipihalle nauttimaan kesäisestä säästä. Kaksi hoitajaa kävelee ohitseni nuorta naispotilasta taluttaen. Nainen kävelee pienin töpöttelevin askelin hokien kuolevansa. Hoitaja kannustaa potilasta lempeästi: "Et sinä kuole." Potilas jatkaa kävelyään hiljaisena sylkivana avonaisesta suusta roikkuen. Kauempana nurmikolla nuoripari istuu suuren puun varjossa. Valkoinen soma hellehattu suojaa pariskunnan vauvaa paahtavalta helteeltä. Me saavumme sairaalaan niin moninaisista syistä. Täällä olemme tasavertaisia ja kaiken huolenpidon arvoisia.

Oltuani kaksi viikkoa osastolla pääsen ensimmäiseen kotiharjoitteluun. Otan bussin keskustaan ja piipahdan avonaisesta tuomiokirkon ovesta sisään. Kirkossa on lisäkseni vain kaksi turistia. Alttarilla on valkoinen ruumisarkku ja sen päällä valkoisista liljoista tehty pieni kukkalaite. Suntio sytyttelee kynttilöitä. Kaikki on niin kaunista. Kultaisen kattokruunun takana Vapahtaja kohottaa kätensä ilmaan. Vaalea kirkko huokuu arvokkuutta vainajalle.

Poistuessani pyhästä huoneesta kirkonportaiden eteen ajaa tumma auto. Kolme mustiin pukeutunutta solakkaa naista nousee autosta. Pysähdyn, nyökkään ja painan hatun rintaani. Kirkosta suuntaan vaatekauppaan. Sovitan kaunista valkoista pitsipuseroa. Sen hihat ovat leveät ja somasti ranteiden kohdalta rypytetyt. Pitsikangas tulvahtaa kämmensyrjille kuin vastapursotettu kermavaahto. Maksan puseron ja otan bussin kotiin.

Kotipihallani saan järisyttävän allergiakohtauksen. Aller-

gialääkettäni ei ole pyynnöistäni huolimatta lisätty lääke-
listaan, joten sairaalassa lääkettä ei ole voitu minulle antaa.
Yskin kaksin kerroin, kurkkua kuumottaa enkä saa kun-
nolla henkeä. Hapuilen avainnipun laukusta ja kiirehdin
asuntooni. Kurkku tuntuu jo puoliksi turvonneen. En pysty
ottamaan lääkettä, sillä yskiminen jatkuu. Yökkäilen ja ok-
sennan kinaa taukoamatta. Viimein saan lääkkeet nielais-
tua ja kohtauksen myötä noussut kuume hellittää parissa
tunnissa.

Lähden äidin luo seuraavaan kortteliin saunomaan. Olen
fyysisesti lopussa. Makaan pesun jälkeen äidin kynnysma-
tolla kahden kylpypyyhkeen välissä. Tekisi mieli soittaa am-
bulanssi, sillä tunnen kuolevani. Kurjan olon mentyä ohi
kävelen takaisin kotiini. Yritän tehdä ruokaostoksia vierei-
sessä kaupassa. Saan ostettua vain kaksi banaania ja mai-
don. Kotona lämmitän jääkaapista löytynyttä kasviskeittoa
ja lisään siihen hieman perunasuurimoita. Toimintakykyni
on olematon ja henkitorvi on yhä kipeä allergiakohtauksen
jäljiltä.

Lauantaina käymme lähes kahdeksankymppisen äitini
kanssa kauppakeskuksessa. Äitini liikkuu ketterämmin kuin
minä. Sunnuntaina viestitän jo kahdelta miehelleni, etten
halua olla enää kotona ahdistukseni vuoksi. Hän hakee mi-
nut neljältä. Menemme kahvilaan joenrannalle. Olen iloton
ja minua palelee. Tilaan teen ja palasen kasvispiirakkaa. Sen
tulinen mauste aiheuttaa uuden allergiakohtauksen. Syök-
syn ulos kahvilasta ja lähden kävelemään joenvartta rajusti
yskien. Mieheni kävelee perässäni. Tuskaisena sanon, etten
ehkä jaksa enää bipolaarihäiriötäni. Mitä jos tämä eläminen
ei ikinä onnistu.

Aivotärähdys

Odotan miestäni ja koiraamme sairaalan pihalla. Pian huomaan tutut hahmot rakennuksen nurkalla. Koiraamme kutsuttuani se juoksee iloisena luokseni. Olen kaivannut Taunoa niin paljon! Kiinnitän talutushihnan käteeni. Koira telmii nurmikolla ympärilläni. Nostan köysilelun maasta leikittääkseni Taunoa. Vanhempi pyylevä nainen lähtee kävelemään suoraan kohti tiedustellen, onko koira vihainen. En ennätä reagoida koiran ottaessa iloisena harppauksen tervehtiäkseen naista. Lennän komeassa ilmakaaressa maahan lyöden pääni kulkuväylälle. Onnekseni siinä ei ole asfalttipintaa. Jään maahan makaamaan naisen taivastellessa vieressäni. Pyydän häntä olemaan hiljaa. Purskahdan itkuun. Käteeni, polveeni, kylkeeni ja päähäni sattuu. Sairaalan vartija maskissaan saapuu paikalle. Hän soittaa osastolleni. Jäämme odottamaan hoitajien saapumista.

Kaksi hoitajaa osastoltani saapuu pihan poikki. He taluttavat minut osastolle ja kutsuvat lääkärin tarkistamaan vointini. Myös mieheni päästetään poikkeuksellisesti osastolle huoneeseeni. Halaan häntä ja itken, sillä mielestäni kaikki mitä teen menee aina pieleen. Minut talutetaan toimenpidehuoneeseen. Lääkäri tekee tutkimuksensa ja toteaa aivotärähdyksen. Illalla vitsailen minua taluttaneelle hoitajalle, että olen tullut sairaalaan testaamaan ”kaatumatautilääkettä” valproaattia ja sitten kävi näin. Nauramme molemmat.

Aamulla tuntuu ensimmäistä kertaa, että voisin lähteä kotiin. Lisäksi saan sähköpostiini vahvistuksen tulleeni valituksi burleskikurssille. Ilo leviää rinnastani sormenpäihin.

Tuntuu kuin saapuisi omiensa pariin. Pääsen tutkimaan seksuaalisuuttani ja naisellisuuttani esittävän taiteen parissa. Kehoni saa olla luonnollisen pyöreä. Onko kehosuhteeni viimein asettumassa hyväksynnän uomaansa? Minua ei arveluta esiintyminen vähäpukeisena. En suostu häpeämään. Onhan alastonkuvani kolmen viikon päästä valtakunnallisessa aikakauslehdessä. Kaikki on kiinni ajoituksesta ja tarkoituksesta; miksi ja missä. Makustelen vaihtoehtoja burleskinimestäni. Ehkä sellaisen voisi jossain vaiheessa ottaa käyttöön.

Kolmannen sairaalassa vietetyn viikon lääkärineuvottelussa saan luvan kotiutua. Kehoni on vastannut hyvin uuteen lääkitykseen. Itsetuhoiset ajatukset ovat rauhoittuneet. Haasteeni arjenaskareissa ovat edelleen todellisia. Koska aion muuttaa mieheni luo, voimme yhdessä harjoitella etenkin ruokakaupassa asiointia. Erinomainen kontaktihoitajani on vaihtanut työpaikkaa. Saan uuden kontaktihoitajan viimeistään syksyllä.

Lääkäritapaamisen jälkeen pakkaan tavarani, syön lounaan ja poistun osastolta tietäen, ettei tämä kolmas kerta osastolla tule todennäköisesti olemaan viimeinen. Vuoden ajan sekamuotoisena ja nopeasyklisenä oireillut kaksisuuntainen mielialahäiriö on haasteellinen ja fyysisesti kehoa rasittava. Lääkäri lohduttaa toteamalla, ettei minulla ole vielä kovinkaan useaa lääkettä testattu. Vaihtoehtoja on jäljellä vielä useita.

Tavarahelvetti

Sairaalasta poistumisen jälkeen keskustelen mieheni kanssa yhteen muuttamisesta. Olen kyllästynyt nyssäkkäelämään kuskaten tavaroitani repussa paikasta toiseen. Koen juurettomuutta, turvattomuutta ja ennen kaikkea turhautumista. Olen aina matkalla jonnekin ja poissa jostakin. Viitisenkymmentä kertaa muuttaneena olen valmis asettumaan paikoilleen. Etenkin viimeiset vuodet olen elänyt pääasiassa laitoksesta toiseen siirtyen.

Mieheni rivitalokolmio pullistelee tavaraa. Kaunis vierashuone muistuttaa varastoa. Rikkinäiset kuntoilulaitteet lojuvat lattialla. Ylitsepursuavia laatikoita ja rikkinäisiä kodinkoneita notkuu joka puolella. Suuren vaatekaapin peiliovi ei edes avaudu kunnolla tavaramäärästä johtuen. Liinavaatteita olisi pienen majatalon tarpeisiin. Tämä kaaos on ahdistanut minua vuoden verran. Säästääkseni voimiani olen aiemmin sietänyt epäjärjestystä. Ajatus tavaroiden perkaamisesta ahdistaa. Viimein pyydän luvan mieheltäni käydä käyttötavarat läpi. Hän on helpottunut ja antaa luvan. Päätämme lahjoittaa hyväkuntoiset tavarat mieheni veljen lapsille. He saavat myydä ne kirpputorilla tienaten kesärahaa.

Pakkaan lahjoitettavat esineet siististi laatikoihin. Vierashuoneen jälkeen raivaan keittiön kaapit, rappusien alapuolella olevan varaston, kylpyhuoneen kaapit sekä ulkovaraston. Mieheni käy läpi asiakirjoja tarpeelliset mapittaen ja turhat silppuriin syöttäen. Siirtelemme huonekaluja ja vaihdamme verhoja sekä mattoja. Lajittelemamme elektroniikkajätteen kuskaamme kierrätysrinkiin. Teemme raivaustöitä kolmisen viikkoa aamusta iltaan. Lahjoitamme lopulta puolitoista autolastillista tavaraa kirpputorille myytäväksi.

Onneksemme taloyhtiön kevättalkoot sattuvat samaan aikaan. Pihalle tuodaan suuri metallilava, jonne asukkaat saavat jättää kaatopaikalle menevää sekajätettä. Yläkerran käytävältä poistamme synkähkön ryijyn. Lahjoitamme sen mieheni edesmenneen vaimon vanhemmille. Heidän kesäpaikassaan ryijylle on riittävästi tilaa ja sopiva vanhan talon miljöö. Maalaamme yläkerran pienen seinän kauniilla harmaalla kalkkimaalilla. Ripustamme seinälle sikin sokin läheistemme kuvia sekä kauniita hääpotrettejamme.

Makuuhuoneen remontoimme jo keväällä. Tunkkaisen ruskeasta huoneesta kuoriutui heleä kauniine vaaleanpunaisine kalkkimaaliseinineen. Suuressa taulussa avautuu näkymä vanhaan kesähuoneeseen, jossa villiintynyt vehreys kietoo ruosteiset puutarhakalusteet hellästi syleilyynsä. Viininpunainen päiväpeite, ylelliset tyynyt ja köydenpäässä roikkuvat lukulamput antavat huoneelle loppusilauksen. Huoneet täyttyvät ilmavuudella tehden hengittämisestä helpompaa. Mieheni toteaa, kuinka hyvää muutos hänelle tekeekään. Viimein tavaroilla on paikkansa, eikä etsimiseen tarvitse käyttää aikaa. Koti näyttää kauniilta.

Poliisietsintä

Sairaalan pihassa kaatumiseni jälkeen mieheni päättää ottaa yhteyttä yksityistunteja antavaan koirakouluttajaan. Täytämme esitietolomakkeen, joka sisältänee satakunta kysymystä. Osaan kysymyksistä on helppo vastata. Osaa joudumme pohtimaan pitkään. Jälkeenpäin huomaan kuinka tärkeän kysymyksen ohitimme: "Oletteko olleet jostakin asiasta eri mieltä?" Jätämme kohdan tyhjäksi. Todellisuudessa olen nähnyt punaista mieheni pallotellessa koiramme kanssa pitkin päivää niin sisällä kuin ulkona.

Sovimme koiraohjaajan kanssa puolentoista tunnin puhelinkeskustelun, jossa käymme vastauksemme läpi. Hän pyytää lopettamaan pallottelun sekä laittamaan pallot pois koiran näkösältä. Saksanpaimenkoiramme on addiktoitunut palloon samalla tavalla kuin narkomaani huumeeseen. Se pitää palloa napattavana saaliina ja stressitaso on koholla yötä päivää. Jo muutama päivä pallottoman arjen jälkeen koiramme olemus rauhoittuu, vaikka todellisuudessa stressihormonit voivat jyllätä kehossa jopa seitsemän viikkoa. Jankkaan palloasiaa vielä viikko puhelinkeskustelun jälkeen. Harmittaa etten ottanut tätä erimielisyyttä puheeksi keskustelussamme. Lopulta ennen ensimmäistä ohjaajatapaamista olen jo unohtanut kuohunnan.

Teemme koiramme kanssa päivittäin lenkkejä umpimetsään ja suolle. Saamme ohjausta sekä kotiharjoituksia. Olen vetänyt itseni piippuun raivaamalla tulevaa yhteistä kotia. Unohdin hyvän sairaalassa opitun vuorokausirytmin sekä säännöllisen syömisen kotiutumista seuraavana päivänä. Bipolaarihäiriöni alkaa uudelleen oireilemaan. Pari päivää ennen juhannusta olemme jälleen harjoittelemassa ohjaajamme opastuksella. Hauraana pidättelen itkua ja yritän tehdä kaiken oikein. Katselen poispäin, jottei kyyneleeni erottuisi. Epäonnistumisen sietäminen tuntuu toivottomalta. Tunnin jälkeen olen kotimatkan vaiti. Katseeni on nauliintunut pilvettömään horisonttiin.

Kotiin päästyämme mieheni menee päiväunille. Vierashuoneessa pakkaan pienen sammaleenvihreän reppuni lähes äänettömästi. Siirrän bussikortilleni rahaa. Lääkehyllystäni heitän ketiapiini- sekä Tenox-purkit repun pohjalle. Tarkistan puhelimestani seuraavan linja-auton lähtöajan. Sammutan virran puhelimestani ja jätän sen kotiin. Ulko-oven kahvan painuessa alas mieheni huudahtaa yläkerrasta, olenko lähdössä johonkin. Valehtelen kiihdyttäen askeleitani bussipysäkille.

Matkaan bussilla kohti yksiötäni. Hiostava helle saa pulleat reiteni hiertymään. Leikkaan asunnollani leggingsseistä pitkät shortsit mekon alle. Ostan viereisestä kaupasta eväät ja lähden kävelemään aallonmurtajalle. Kilometrin matka tuntuu takkuiselta. Kehoni on lopussa unettomuuden ja raatamisen jäljiltä.

Taiteilen terävien kivien yli lähes aallonmurtajan päähän. Pitkä mekko näkösuojana kyykistyn pissaamaan kivikkoon. Raahaan raskaita kiviä tehden sopivan leposijan nukahtaa. Olen niin piilossa, että pelkään jonkun aallonmurtajan päällä kävelevän heittävän erehdyksissä kiven päähäni. Lähistöllä nuoret miehet riisuutuvat ja kahlaavat matalassa merivedessä kauas rannasta. Aallot liplattavat rauhaisasti rantakiviin. Väsymys ja toivottomuus kytevät kehossani.

Illan viiletessä on käveltävä takaisin. Otan viisikymmentä milliä ketiapiinia ja kömmin parvisänkyyn nukkumaan.

Olen jo vienyt peittoni mieheni asunnolle. Vedän koiranpatjan suojakseni. Uni ei tule. Kipuan alas ja otan viisikymmentä milliä ketiapiinia lisää sekä kaksikymmentä milliä Tenoxia. Kipuan takaisin parvisängylle. Juuri kun olen nukahtamassa, kuulen avaimen käyvän lukossa.

Mieheni harppoo yksiööni ja kysyy, kuinka paljon olen ottanut lääkkeitä. Vastaan ottaneeni sen verran kuin sairaalassa opastettiin tarvittaessa ottamaan. Mieheni purskahtaa itkuun ja sanoo poliisien etsivän minua. Hän soittaa hätäkeskukseen ja kertoo minun löytyneen. Poliisit soittavat miehelleni. Hän kertoo minun olleen aallonmurtajalla ja löytyneen nyt nukkumasta omalta asunnoltani. Sen jälkeen mieheni soittaa vielä äidilleni. Olen tahtomattani huolestuttanut lähipiirini. Teini-iästä jatkunut unettomuus ja kaksisuuntainen mielialahäiriö ei ole mielentila, jonka voisin tahdonvoimallani kääntää. Bipolaarihäiriö aiheuttaa tuskaa niin itselleni kuin läheisillenikin. Vuosi vuodelta oireet muuttuvat rajummiksi, vaikka tietoisuus sairaudesta lisääntyy.

Mieheni parkkeeraa autonsa kotimme parkkipaikalle. Askeleeni ovat huteria unilääkemäärästä ja väsymyksestä. Ulko-oven vieressä pihapenkin päällä on puseroni. Mieheni on jättänyt sen poliiseja varten, jotta poliisikoira saisi otettua siitä hajun. Poliisit ovat tutkineet asuntomme alakerran ja yläkerran vaatekaappeja myöten. Myös ulkovarasto sekä molemmat autot on tarkistettu.

Isän viimeinen syntymäpäivä

Isäni 78-vuotispäivä on hyvä muistutus vapaudestani. Silloin tulee kaksi vuotta täyteen siitä, kun jätin Ykän. Noudan äitini kyytiin ja ajamme hoivakodille. Poikani sekarotuinen koira on mukanamme. Hoitaja tuo isän pyörätuolilla osastolta ala-aulaan. Enää isä ei reagoi edes tutun koiran läsnäoloon. Rakkaan isäni hahmo on kuihtunut. Hänen päänsä on jäykistynyt oikealle. Kasvot ovat lähes ilmeettömät. Minulla ei ollut aiemmin aavistustakaan siitä, kuinka muistisairaus rappeuttaa koko kehon myös fyysisesti.

Äiti silittää isän käsivartta ja kertoo, kuinka mukavaa olisi yhä katsoa yhdessä kotona televisiota. Isä katsoo herkeämättä äitiä silmiin ja liikuttuu. Kesän ajan kestänyt voimakas kipulääkekuuri on loppunut. Silti isä väsyy yhä helposti. Otan muutamia kuvia muistoksi. Puolen tunnin kuluttua äiti soittaa hoitajan hakemaan isän takaisin osastolle. Katsomme hänen perään, kunnes pyörätuolin selusta katoaa kulman taakse. Kotiuduttuani menen vierashuoneeseen itkemään. Isän hiipuminen ottaa koville.

Isä siirretään rauhallisempaan hoivakotiin pari viikkoa ennen poisnukkumistaan. Käymme hänen luonaan vierailulla poikani kanssa. Isän posket ovat punaiset, silmät puolittain auki ja hiljainen voivotus täyttää huoneen. Kosketan isäni väsyneitä kasvoja. Poski on tulikuuma. Pyydän hoitajaa tarkistamaan lämmön.

Päätän viettää lauantain ja sunnuntain välisen yön osastolla, sillä en halua jättää isää yksin. Hoitaja tuo minulle kipattavan tuolin, peiton, fleeceviltin, tyynyjä, suuren jumppapallon sekä välipalaa. Kiitollisena asetun isäni sängyn viereen pitäen häntä kädestä kiinni. Puristan kokeeksi kättä ja saan hentoisen vastapuristuksen. Hymyilen. Hoitaja käy välillä laittamassa isälle kipulääkettä sekä kuumelääkettä. Kostutan isän suuta sitruunatikuilla. Keuhkokuumeinen hengitys muistuttaa lavuaarin pulppuamista.

Aamulla kävelen hoivakodilta kolmen kilometrin matkan äidin luo. Seuraavan yön nukun kotona, jotta kaksisuuntainen mielialahäiriöni ei menettäisi tasapainoaan. Maanantaina aamupäivästä palaan hoivakodille. Lääkäri on luvannut antaa isälle kipulääkettä rajattomasti. Siskoni tulee myös koiransa kanssa vierailulle. Kyyditsen hänet vierailun jälkeen kotiin. Päätän piipahtaa nopeasti kuntosalilla harjoittelemassa ja saunomassa. Saatuani treenivaatteet päälle, hoitaja soittaa. Isän jalkoihin on alkanut tulemaan sinipunervia lautumia. Se on merkki lähestyvästä kuolemasta. Harppoessani takaisin autolle soitan äidilleni ja pyydän häntä saapumaan isän luo taksilla.

Valvomme yön isän vierellä. Hän ei avaa silmiään koko aikana. Silitän isän hiuksia. Kuiskaan ettei enää tarvitse pinnistellä. Vuorokausi vaihtuu tiistain puolelle. Isä alkaa liikehtiä. Hälytän hoitajan paikalle. Pyydän, voisiko isä saada kipulääkettä. Hoitaja sanoo palaavansa pian. Isä avaa silmänsä. Hän katsoo minuutin ajan äitiä ja minua silmiin. Sitten isä sulkee rauhassa silmänsä. Kiitän kaikesta ja kerron rakastavani häntä. Äiti puristaa isän kättä. Isän hengitys hidastuu. Tauot henkäyksien välillä pitenevät. Lopulta henkäykset loppuvat ja isän suu jää aavistuksen auki. Isä on nukkunut pois. Rauhallisesti ja kauniisti niin kuin toivoimmekin sen tapahtuvan.

Hautajaisjärjestelyt

Yövyn äidin luona. En saa nukutuksi. Olen levoton yön tapahtumien jälkeen. Lähdemme jo puoliltapäivin noutamaan isän vaatteita hoivakodista. Kolmen vuoden aikana vaatteita on kertynyt paljon. Kasaan vaatteet metalliselle tarjoiluvaunulle. Survon pienemmät pussukat alahyllylle. Hädin tuskin näen kuorman ylitse tähdätessäni hissille. Pakitan auton ulko-ovelle ja lastaan tavarat kyytiin.

Äidin luona puramme tavarat hänen kaksioonsa. Vaatteita on useampi säkillinen. Äidin mentyä lepäämään alan käymään isän vaatteita läpi. Teen lattialle kolme kekoa: roskiin menevät, siskolle menevät sekä itselleni tulevat. Lajittelu on ohitse kahdessa tunnissa ja vaatekaaos pienessä kaksiossa taltutettu. Olen umpiväsynyt, mutta rauhaton. En pysty olemaan paikoillaan.

Keskiviikkona asioin äidin kanssa hautaustoimistossa. Valitsemme isälle kauniin puuarkun, joka on verhoiltu lumenvalkoisella kankaalla. Uurnassa on kaunis rantamaisema, jonne soutuvene on lipunut viimeiseltä matkaltaan. Taivaalla kaksi joutsenta lentää uljaasti. Uurna tuo mieleen kotimme saaressa. Sovimme hautaustoimistossa isän kuskaamisesta hoivakodin kylmiöstä Intiön kappeliin.

Seuraavana päivänä puoliltapäivin kohtaan hautaustoimiston kuskin hoivakodin edustalla. Minut kutsutaan kylmiöön. Isä on puettu valitsemiimme omiin vaatteisiin: komea harmaamusta ruutupaita, tummanharmaat collegehousut, villasukat sekä viininpunaiset lapaset. Ruutupaidan alla on isälle joululahjaksi ostamani taivaansininen paita. Saan silittää isän poskea vielä kerran. Elämäni ensimmäistä kertaa istun ruumisauton kyydissä. Kaunis aurinkoinen pakkaskeli tekee tilanteesta entistäkin juhlavamman. Samppanjanvärinen auto kaartaa kappelin edustalle. Isän arkku siirretään kappeliin. Pienellä pöydällä on kaksi kynttilää, puuristi ja kukka.

Soitamme äidin kanssa seurakuntaan ja varaamme pienen kappelihuoneen jäähyväishetkeä varten. Varaamme upeasta historiallisesta De Gamlas Hemistä ravintolasalin muistotilaisuutta varten. Uurnanlasku ajoittuu tammikuun lopulle, sillä tuhkaamisajoissa on ruuhkaa. Perjantaina käymme suntion kanssa katsomassa sopivan hautapaikan. Maanantaina lähetämme hautajaiskutsut tekstiviesteillä. Koronatilanne aiheuttaa päänvaivaa, sillä kahdenkymmenen henkilön kappelissa ei saa olla läsnä kuin kymmenen henkilöä. Päätämme kutsua isän sisarukset jäähyväishetkeen kappeliin ja muun juhlaväen vasta muistotilaisuuteen.

Tilanne pahenee hautajaisviikolla entisestään. Ainoastaan viisi henkilöä saa olla jäähyväishetkessä läsnä: äiti, sisko, veli poikansa kanssa ja minä. Hiljennymme herkistymään ja muistelemaan isää trubaduuri Nurmisen kauniin kitaransoiton ja laulun äärelle. Laulut Hyvää matkaa, Niin kaunis on maa ja Viimeiset veneet saavat kyyneleet tulvimaan. Isäni ei kuulunut kirkkoon, joten jäähyväishetki on papiton. Tilaisuus on kaunis ja koskettava. Ei turhia puheita. Laskemme omat sekä muiden kukkalaitteet. Äiti sipaisee isän arkkua vielä kerran ja purskahtaa itkuun. Poistumme kappelin takaovesta. Viemme kukkalaitteet isän hautapaikalle. Upeat liljat, ruusut ja iirikset loistavat kilvan lumihohdetta vasten.

Vain kaksi päivää aiemmin juhlimme suvun vanhimman yhdeksänkymppisiä. Nyt toivotan isäni muistotilaisuudessa vieraat tervetulleiksi. Kuuntelemme aluksi Louis Armstrongin What a Wonderful Worldin, sillä isä rakasti jazzia. Kurkkuani kuristaa. Tunnen pyörtyväni. Olen hermoillut useita päiviä, kuinka muistan kaiken mitä minun pitää muistotilaisuudessa tehdä. Päivä tuntuu enemmänkin omalta hääpäivältä. Kaikki langat ovat hyppysissäni. Surevan tyttären rooli on siirrettävä loitommalle, jotta pystyn toimimaan.

De Gamlas Hemin seisova pöytä on runsas ja upea! Kauniit suklaakakut ja minibebeleivokset ovat suosikkejani. Herkullisempaa mansikkatäytekakkua en ole syönyt. En silti oikein pysty keskittymään syömiseen. Käyn välillä ottamassa juhlaväestä muutamia kuvia. Minulla ei ole salamaa käytettävissä, joten kuvien laatu ei ole paras mahdollinen. Otan äitistä ja hänen kahdesta veljestään sisaruskuvan. Se onnistuu hyvin. Kerään rohkeuteni ja pidän puheen isälleni.

”Rakas isä,
maalasit taivasta valolla,
piirsit pilviä sävelin.
Syleillen halasit äitiä,
suukoilla päivittäin.

Huolta lapsista ja lastenlapsista,
kannoit välillä raskain sydämin.
Opetit oikean ja väärän,
kuinka olla ihminen.
Hidastui timpurin naulaniskut,
hiljeni mies puhelias.
Taukosi klarinetin soitto,
vislasi junanpillit viimeiset.

Käsikädessä äidin kanssa,
saatoimme sinut
uneen ikuiseen.
Olkoon sielussasi rauha,
levätköön kehosi hengästynyt.

Tänään sinua me isä täällä,
yhdessä muistamme.
Hetkistä yhteisistä,
aivan kaikista
kiitämme."

Muistotilaisuuden tunnelma on rento. Ihmiset jutustelevat ja hakevat lisää syötävää runsaasta buffetpöydästä. Taustamusiikkina soi isän jazzlevyjä. Katseeni pysähtyy viereiseen muistopöytään. Isän musta klarinetti lepää valkoisella liinalla hänen kuvansa edessä. Otin kuvan isästä kymmenen vuotta sitten. Hänen piirteensä muistuttavat pehmeästi Aake Kallialaa. Uurteita ei juuri ole ja hiuksetkin ovat vain hennosti harmaantuneet. Valkoisissa puukehyksissä olevan kuvan vieressä on matalassa maljakossa valkoruusukimppu somistettuna muutamalla luonnonpuuoksalla. Näkymä sopii täydellisesi taustalla olevaan vanhaan paksuhirsiseen seinään. Adressipinon silkkihohtoiset nauhat kiemurtelevat pienet tupsunsa levällään. Askartelemani muistelukirja kiertää pöydästä toiseen. Kirjassa on kuvia ja pieniä tarinoita isän elämän varrelta.

Valokuvanäyttely henkisen väkivallan jäljistä

Olen syksystä asti työstänyt Hälve-valokuvanäyttelyäni. Näyttely kertoo henkisen väkivallan jäljistä ja koostuu kännykällä ottamistani selfieistä. Useita kertoja ajan työhuoneelleni valitsemaan puhuttelevia kuvia näyttelyäni varten. Aiheeseen sopiva galleria löytyy helposti. Sovin näyttelyn ajankohdasta sekä avajaisjärjestelyistä. Kauniit vaaleanpunaiset tapahtumajulisteet sekä harmaat kutsukortit painatan jo lokakuussa. Joulukuussa teetän valokuvasuurennokset paikallisessa valokuvaliikkeessä. Tammikuussa vien kuusitoista suurennosta pohjustettavaksi kehystämöön. Taiteilija-alennus läikäyttää sieluani.

En osannut aavistaa isäni poismenoa kesken näyttelyjärjestelyjen. Tuskailen myös koronarajoitteiden tuomien haasteiden kanssa. Galleria on suljettuna tammikuun loppuun kokoontumisrajoitusten vuoksi. Näyttelyn avajaiset pitäisi olla helmikuun toinen päivä. Tiedän avajaisvieraiden tehneen järjestelyjä työvuorojen suhteen. Siirrän galleriavuoroni toukokuulle ja pidän yksityisnäyttelyn kotona. Tammikuun loppupuolella asennan kuusitoista näyttelykuvaa, laminoidut kuvatekstit sekä suljetulla osastolla tekemäni piirrokset olohuoneen seinälle. Muutan huonekalujen järjestystä ja asetan lisätuoleja ikkunan eteen.

Hermoromahdus

Isän uurnanlaskua edeltävänä päivänä ja viisi päivää ennen avajaisia saan hermoromahduksen. Olen ajanut itseni piippuun isän poismenoon liittyvillä järjestelyillä, surulla sekä näyttelykuvien tuomilla takaumilla. Tulistuneena lähden linja-autolla kaupunkiin. Annan Prodigyn musiikin sykkiä luureista korviini tärykalvoja huojuttaen. Sykkeeni nousee ja kiukkuni kasvaa. Tuskin kukaan lukee kasvoiltani, kuinka lopussa olen. Yritän rauhoittaa kehoani istahtamalla syömään lempipitseriaani. Kolme varttia sujuu suhteellisen hyvin. Tuska alkaa valua takaisin kehooni. Lähetän typeriä viestejä miehelleni. Typeryyden takana on suunnaton pelko siitä, etten selviä. Olen niin kovanaama, etten voi tällä kertaa rikkoutua itkien.

Pelkään mieheni hälyttäneen poliisit perääni. Kiirehdin pitseriasta tilaamaan paikallisen jalkapallojoukkueen AC Oulun fanipelipaidan kummilapselleni Ugandaan. Painatan tytön nimen sekä syntymävuoden pelipaidan selkämykseen. Matkustan linja-autolla takaisin kotiin. Kävellessäni pysäkiltä kotiin metsän läpi kuulen sireenien ulvonnan lähenevän. Onko mieheni sittenkin soittanut poliisit perääni? Jään seisomaan pimeään metsään. Viimeksi kesäkuussa poliisit olivat valmiita etsimään minua koiran kanssa. Kyllä he minut täältä nytkin löytäisivät. Harpon kotiin ja lähden koiran kanssa lenkille. Yritän ottaa jälleen aikalisän, jotta kehoni ennättäisi tasaantua.

Palaan takaisin kotiin. Sisälläni on niin suuri tunteiden tungos, ettei sille löydy uomaa purkautua. Itken ja huudan. Heitän pullollisen vettä kauniille valokuvaseinälle. Vesi valuu vastamaalatulla seinällä löytäen tiensä kuvia suojaavien lasien taakse liiskaten märät kuvat kehyksiinsä. Läpsäisen isän kuvaa hanskalla ja huudan haluavani isäni takaisin. Mieheni yrittää halata minua, mutta käsken häntä olemaan koskematta. Olen aivan uuvuksissa. Minulla ei ole kykyä käsitellä kaikkea tätä, mitä kehoni yrittää vimmalla pilkkoa siedettäviin osiin.

Lähden kolmannen kerran pois asunnosta. Suuret itkun karpalot hypähtävät korkeilta poskipäiltäni maahan. Kuinka uuvuksissa ihminen voi olla! Kävelen umpihangessa läheiseen metsään. Haluan vain nukkua. Väsyneenä en jaksa ottaa enää yhtään askelta. Asetun kuusen alle makaamaan vasemmalle kyljelleni. Riisun huomioliivini ja käännän heijastinpuolet nurinpäin. Asetan sen pienelle mytylle poskeni alle. Mieleeni tulee vitsi Ruotsin armeijasta ja heidän itsevarmuudestaan käyttää heijastimia rintama-asuissaan.

Sisälle palattuani laitan saunan lämpenemään. Otan normaalilääkityksen lisäksi tupla-annoksen Diapamia, Tenoxia ja Ketipinoria. Diapamia olen käyttänyt kaksitoista tablettia koko elämäni aikana. Siltikään en ole varma saanko oloani poikki edes kemiallisesti. Menen makaamaan puolikylmään saunaan suuren pyyhkeen päälle. En jaksa peseytyä mennessä enkä edes saunomisen jälkeen. Laahustan pyyhe ympärilläni vierashuoneen sänkyyn. Nukahdan ennen kahdeksaa. Saan rauhan ainakin hetkeksi. Seuraavana päivänä kahdeltatoista olen jo kappelilla laskemassa isäni uurnaa.

Avajaiset

Helmikuinen aurinko kurkottaa säteensä suurista ikkunoista sisään. Äitini ja ystäväni jutustelevat olohuoneessa. Asettelen kaunista onnittelukukkakimppua vaasiin. Trubaduuri Nurminen virittää kitaraansa keittiössä. Lausun muutaman tervetuliaissanan ennen musiikkiesitystä. Olen valinnut kolme näyttelyn teemaan sopivaa laulua esitettäväksi. Pave Maijasen Elämän Nälkä saa kyyneleet kohoamaan silmiini. Olen kulkenut pitkän ja monitahoisen matkan väkivaltaisissa suhteissa elämisestä tähän päivään. Apulannan Valot pimeyksien reunoilla saa voiman puhkumaan suonissani.

Avajaisvieraat ovat liikuttuneita ja ihastuneita musiikkiesityksestä. Kuulen sydäntä särkevän kärsimyksen ja pahanolon välittyvän näyttelykuvista. Kahvittelun lomassa vaihdamme muitakin kuulumisia. On ihana nähdä läheisiä! Korona-aika on valitettavasti vähentänyt tapaamisia ja muovannut ystävyyssuhteita. Viikko avajaisten jälkeen lähetän ystävilleni kutsun vuoden päästä vietettäville viisikymppisilleni. Olen varannut käyttöömme vuonna 1900 rakennetun kauniin hirsitalon saunan ja paljun kera. Isäni poismeno muistutti elämän rajallisuudesta. Hälve-näyttely toi mieleen mistä kaikesta jouduin väkivaltaisessa suhteessa luopumaan. On ilon aika!

LOPPUSANAT

Rakas kehoni, kiitos myötäelämisestä tänne asti. Olen ollut sinuun usein pettynyt ja tyytymätön. Ymmärrän viestisi näin myöhemmin. Ensimmäinen muistikuvani on itkua ja oksentamista alle kymmenvuotiaana. Tunsin turvattomuutta. Sinä oksensit. Pelkäsin kuolemaa. En meinannut päästä yli siitä, että kuoleman jälkeen tulisi maata yksin kylmässä maan sisässä.

Kuudennella luokalla aloin jännittämään esiintymistä. Pelkäsin ja häpesin jokaista paniikkikohtausta. Se rajoitti elämääni kymmenen vuoden ajan. En voinut syödä muiden seurassa, matkustaa bussilla tai käydä kaupassa, koska sinä tärisit. En hallinnut liikkeitäni tai ilmeitäni.

Kiitos raskaudesta, se tuntui hyvältä. Inhosin ulkonäköäni niin että imetin pimeässä. Vasta terapiassa tajusin, kuinka traumaattinen odotusaikani oli. Haurastuma x-kromosomissasi aiheutti vaihdevuodet kaksikymmentäyksivuotiaana. Kärsin, surin ja itkin sekundaarista lapsettomuutta neljäkymmentävuotiaaksi saakka. Kaksi vuosikymmentä on pitkä aika surulle.

Kehoni, sinä koettelet minua monin eri tavoin: luustonmittaukset, unettomuus, traumaperäinen stressihäiriö, lapsettomuus, bipolaarihäiriö, dissosiaatiohäiriö, kilpirauhasen vajaatoiminta… Yritän skannata tuntemuksiasi. Toisinaan olen myötämielinen. Toisinaan piiskaan ja rankaisen sinua entisestään. Olen osasyyllinen oireiluusi. Ojennan käteni yhteistyölle, jotta voimme elää sopuisammin nauttien jokaisesta päivästä ainakin vähäsen.

Olen pahoillani altistaessani sinua vaaroille. Olet kestänyt useat pahoinpitelyt, syömishäiriön, ivan, mitätöimisen, itsemurhayritykset ja vakavan sairastumisen.

Kiitos rakas kehoni. Haluan jatkaa matkaani kanssasi rinnakkain. Minun korvani kuulevat ja silmäni näkevät. Olet kaiken ystävällisyyden ja välittämisen arvoinen. Sinä olet ihme.

Apua on saatavilla:

Yleinen hätänumero 112
Nollalinja 080 005 005
Kriisipuhelin 09 2525 0111
Naistenlinja 0800 02400
Rikosuhripäivystys 116 006